理想的教學點子 IV

家長工作坊的精要資源

Michelle Graves 著

楊淑朱 校閱主編

楊世華 譯

The Essential Parent Workshop Resource

Michelle Graves

⚙ 作者簡介

Michelle Graves 是一位作家，同時也是高瞻教育研究基金會的教育諮詢員。她曾為許多不同教育課程（包括：Head Start、其他學前教育課程、托育課程和特殊教育課程）中的教師、教師訓練者和教育行政人員設計與舉辦訓練工作坊以及長期訓練計畫。另外， 她也是前三本《理想的教學點子 I. II. III.》的作者，以及兩支錄影帶「支持幼兒的主動式學習：不同情境裡的教學策略」（*Supporting Children's Active Learning：Teaching Strategies for Diverse Settings*）和「小組時間」（*Small-Group Times*）劇

本的作者和共同製作人之一，上述的作品均由高瞻出版社出版。之前，Graves 是密西根州（Michigan）安哈柏市（Ann Arbor）退伍軍人行政醫療中心員工附屬幼兒園的園長，服務的對象是從六週到五歲大的幼兒。此外，她也有相當多的幼兒教學經驗——除了高瞻的示範幼兒園之外，她也曾在公私立托育中心和特殊教育機構任教。

✿校閱主編簡介

楊淑朱

現職	國立嘉義大學幼教系教授兼系主任
學歷	美國德州大學奧斯汀校區幼兒教育博士
經歷	國立嘉義師範學院幼教中心主任
	私立幼稚園教師、主任
	嘉雲地區幼稚園評鑑委員
	嘉義市托兒所考核委員
	保姆丙級證照監評委員

❀ 譯者簡介

楊世華

　　美國南密西西比大學家庭生活學系幼兒發展組碩士，目前在美國堪薩斯大學研讀幼兒特教。

　　其他譯作：
- 理想的教學點子 II：以幼兒興趣為中心作計畫
  （Michelle Graves 著）
- 幼教課程教學實務（第二及四章）
  （Mary Hohmann & David Weikart 著）

⚙ 作者序

　　前三本理想的教學點子叢書為教育者提供一些可以實際在幼兒教室中使用的教學點子和策略。雖然，本書的焦點著重於與幼兒的家長們，而不是與幼兒互動，我們最終的希望是藉由老師們與家長們之間關係的建立，讓孩子從中得到益處，能將高瞻教學的原則運用到家中以及社區裡。在家長工作坊的精要資源中所安排的工作坊，為幼教工作者提供一個強而有力的架構，不同的家長組群會有其獨特的興趣走向、擔憂和對問題的不同觀點。提供家長工作坊的人員們可以利用此書做為起點，依著該組群家長們的獨特需要來計畫一系列的工作坊。

　　許多高瞻教學的員工都對此書的發展多有貢獻。Mary Hohmann 和 Beth Marshall 對本書整體走向的建立以及所有工作坊的形式設計有極大的幫助，依著工作坊逐漸成形，他們不斷地給與我回饋和支持；David Weikart, Ann Epstein 和 Lynn Taylor 提供許多行政上的支持，並對書的內容提供具有助益的回饋；在高瞻教學示範幼兒園中，Rod Snodgrass, Eileen Storer, Suzanne Gainsley 和 Rosie Lucier 不但展示高瞻教學主動學習的理念，更將本書中的一些工作坊在幼兒園內試用，這幾位教師對於家長們和幼兒們需求的敏感度常常讓我得到不少的啟示；Holly Barton 高度技巧的文字編輯和非常婉轉地對書中的內容提出疑問，對於我想傳達的意念都有極大的助益；我非常地感謝 Margaret FitzGerald 對於封面以及版面設計的堅持。最後，我要感謝我的兩個學齡前孩子，Christopher 和 Joshua，以及我先生，Keith，對本書意念的成形所提供的幫助。

✿ 校閱主編序

　　近年來心理出版社為增進學術界、幼教實務界及廣大求知者對美國 High/Scope 高瞻教學系列的深入了解，系列性引進 High/Scope 高瞻教學的核心參考書籍及有聲錄影帶，每一本書皆用心地請相關專家加以翻譯，同時也請對 High/Scope 教學法有深入了解的學者加以審查，所以讓許多幼教實務工作者及大專院校學生讀起來覺得十分順暢，不會有「很像國外翻譯本」那種讀不通的感覺，由此可看出心理出版社在處理翻譯書籍的認真態度，也感佩其為國內幼教界所付出的努力。

　　這一本翻譯書籍「理想的教學點子 IV：家長工作坊的精要資源」，其主題內容目前在國內有關的出版品中不多見。國內論及親職教育、親子關係、親師關係及家庭教育等相關著述較多，這對教育家長及如何建立親師關係的助益頗大，但在增進幼教實務工作者以工作坊方式帶領家長成長的能力與技巧的參考書籍卻不多見，因此，引進此書對國內幼教實務工作者進一步培養自己的信心、能力及技巧，將園所內的教育宗旨、辦學理念及教學內容，甚至園所內的重要常規訓練等透過工作坊方式與家長分享，如此除了可展現自己的專業性，亦可增進與家長的良性互動及提高家長對學校的認同感。在此，希望所有幼教工作者，能善用此本書籍的內容，以使自己成為全方位的幼教專業工作者。

楊淑朱　謹識

2003 年 2 月

✿ 譯者序

　　我想，不論您是幼兒的家長或是為幼兒服務的相關人員，都會與我有類似的感受：如果我們要協助幼兒們的成長與學習，家長和為幼兒服務的相關人員之間，必須要維持密切的溝通與合作。因此，當我看到此書時，心中真有說不出的高興。作者用其豐富的幼教經驗針對幼兒的家長們設計了三十個切合其需要的工作坊。這些工作坊以輕鬆有趣的方式，讓家長們由實際的活動進行中去了解幼兒的發展、高瞻教學的原則，以及他們可以如何將工作坊中所學習到的知識和技巧在家中應用。這些工作坊不但幫助家長們更加了解他們的幼兒，也幫助家長們和幼教相關人員間更能了解彼此為幼兒工作上所積極努力的方向。

　　即使您或是您的孩子所在的幼兒園使用不同於高瞻教學的教學法，您也可以應用本書中的方法和理念。因此，為了讓幼兒享有高品質且具一致性的成長和學習環境，我在此要鼓勵您用心閱讀此書，並且也將此書推薦給其他的家長、同事、教師或是主管們，並且一起籌畫和進行您幼兒園內的家長工作坊！

　　非常感謝心理出版社出版此書的中文譯本，也謝謝楊淑朱教授的費心校閱以及陳文玲小姐諸多幫忙和校對。希望此書能對您有所助益，也非常歡迎您來信批評指教。

楊世華

2003 年 1 月

歡迎您賜教，請寄：

shihhuayang@yahoo.com.tw

目 錄

緒　論

「比起別的孩子，我的孩子在交朋友上似乎有些困難。每天我來接她的時候，她總是一個人，而別的孩子都熱絡地玩在一起。我想我可以等到排定的親師會談時間再來了解一下她是不是在這方面真的有困難。」

「今天早上我送孩子進教室時，聽到一些停留在教室門口的家長們聊到每晚想提早送孩子上床入睡的困難，似乎總免不了一番哭鬧的爭戰。老天！我真是心有戚戚焉！」

——新學年開始，一些學齡前幼兒家長們的談話

「我知道我不該生氣，但是我真的是很受不了看到一些孩子很疲倦或是生病了，家長還送他們到學校來。或是有的時候看到他們一大早就喝可樂吃甜甜圈來當早餐。難道家長們不了解身體健康會影響孩子的專注力和學習新事物的能力嗎？」

「除了所有要做的工作之外，今年學校還增加了親師會談的要求。比較起來，跟孩子一起工作要比跟家長在一起自在得多了！」

——新學年開始，一些幼教老師們的談話

為什麼要撰寫一本關於家長工作坊的書呢？

如同上述談話內容所傳達的一些感受：家長們遲疑，不好意思去麻煩老師，跟老師協商關於孩子的問題；老師們並不熱中於主持親師會談。不論是家長們的感受或是幼教老師們的感受，這些感受並不是不常見的。雖然家長和老師經常表達希望能一起合作來教養幼兒，然而實際將此想法付諸實行並不容易，且需要做全方位的考量。之所以撰寫這一系列的家長工作坊，是希望能將這項工作變得容易一些，且讓每位參與者都能從中獲得一些東西。雖然我們預設立場的假想這些工作坊經常是由幼教老師們來呈現，它們也可以由教師培訓人員、行政人員、社工或是其他的幼教專業人員來主持。接下來的兩個方式，我們相信將有助於所有運用此書中的點子來舉辦學前幼兒的家長工作坊之成人們。

◆ **學校裡的教職員和家長們建立強而有力的合作關係。**要成功地合作教養幼兒，家長們和專業人員之間必須願意傾聽彼此的意見，以及跟對方分享個人獨特的知識和經驗。這樣的關係基礎會讓雙方都更容易去澄清一些可能產生的誤會或是觀念上的誤解。

☼ 家長和老師們常利用每天接送孩子時交換一些資訊，但是家長工作坊提供機會更深入探討一些彼此都認為重要的主題

雖然每天接送孩子時都可以和老師交換一些資訊，然而特別將一些時間挪出來，以便於更深入地探討一些家長和老師們

都有興趣的主題也是非常有助益的。例如，「在家中閱讀」的工作坊中，家長們談論他們自己的閱讀習慣以及他們為孩子選書的標準。然後，家長們練習用老師們所建議的標準來評量一些童書。經由這些活動，老師們可以了解孩子在家中所接觸的文字環境，家長們也可藉此機會擴展他們對童書的了解，知道哪些書對孩子而言是有價值又具吸引力的。

◆ **提升家長對高瞻學前課程的了解，例如，高瞻學前課程對孩子興趣及需求的支持，以及如何能將高瞻教育的原則運用到日常生活之中。** 在過去的四十年裡，高瞻教學法不斷地在求發展和進步，它提供了許多和孩子互動的方法和技巧來協助孩子成為獨立的思考者，同時培養孩子解決問題的能力。也許是因為觀察到高瞻教學原則在教室內實際運作的情形，或是從他們的孩子那兒聽到了一些特別的用詞（「爸爸，猜猜我們今天在回想時間裡做了些什麼？」），家長們常常對於高瞻教學法非常的好奇。因此我們相信，跟家長們分享教學課程的內容以及之所以這樣安排的原因是非常重要的。這類的討論常常能幫助家長們了解到我們的教學課程是以幼兒發展的資訊做為基礎，並且是可以運用在學校和家中的。例如，在「什麼是主動式學習？」的工作坊中，老師們解釋主動式學習的內容，並且請家長們列出一些孩子已經在家中主動參與的事件。此外，老師們也鼓勵家長們提供一些孩子主動參與家中活動的照片，以便將其張貼於教室內。這些照片讓老師們有機會了解哪些材料和活動是孩子常在家中接觸到的，同時也讓其他的家長們觀察到孩子可以在家中做許多不同的選擇。另外，在「協助孩子解決社會衝突」的工作坊中，老師們跟家長們分享五種在教室中已證明有效的方式，家長們可以有機會運用這些方法來協助孩子面對家中常見的

衝突情況。

和成人一起工作的指導原則

　　不論是與成人或是孩子一起工作，高瞻教學都將主動學習和分享掌控權的原則付諸實行。我們經由過去設計家長工作坊的經驗發現，最有效的工作坊是那些家長和老師們都願意將彼此的知識和專長貢獻於討論之中的。在計畫工作坊時，我們總是嘗試在提供家長健全的兒童發展資訊，以及讓家長有機會發表與討論個人的意見和經驗之間取得平衡。因此在傳達訊息方面，老師們排除了演講的方式，嘗試著運用許多不同的形式來鼓勵家長們主動參與。有些訊息，老師們運用一些一目了然的圖表，以及分發講義的方式來向整體呈現；有些活動，老師們則以小組的方式進行，以提供機會讓家長們能彼此分享，然後再跟全體分享他們剛剛在小組中所得到的結論。

　　以下三個原則我們常常謹記在心，用來和家長們分享掌控權，以及和他們一起建立「主動式」的學習經驗：支持家長們在知識上的建構、促進團隊工作，以及鼓勵後續的進行。在此書中我們用家長一詞來泛指所有參與家長工作坊的成人，其中可包括一些親朋好友、寄養家庭的父母們、監護人，以及其他對分享和學習幼兒

❂ 家長常對在高瞻教室中看到和聽到的覺得好奇。工作坊提供機會讓家長問問題以及對高瞻教學能有更深入的了解

生活感興趣的成人。

◆ **支持家長們在知識上的建構**——成人和孩子一樣，如果能將新的知識連結已有的知識來思考，將會增加他們受益的程度。另外，可以增加他們收穫的方式是，協助他們以對個人有意義的方式來建構新知。在參與本書中所有的工作坊時，不論是在聽取意見、表達想法、使用材料，或是解決問題，家長及老師們都需要積極地參與。家長們從實際參與中可以了解到，傳達訊息的方式將會影響他們目前和孩子互動的品質。經由工作坊中的相處，老師對家長也有了更進一步的了解；藉此，老師對個別孩子的興趣和需求也有了更多的認識。例如，在「對孩子在公眾場所犯錯覺得宜然」的工作坊中，家長們以實際生活的狀況來思考，列舉他們在這些情況中可能有的感受，思考應變的方法以及這些應變對策所傳達給孩子的訊息。老師可以鼓勵家長討論那些他們覺得孩子可從中得到益處的應變對策。

◆ **促進團隊工作**——有些時候，教養兒女是件令人畏縮的工作。當家長們聚集在一起，很自然地會把注意力放在教養孩子的問題上，例如，早上叫孩子起床、梳洗穿衣的困難，以及晚上送孩子上床睡覺的爭戰，或是擔心孩子會不會快樂地長大成人等。為了支持和鼓勵這類訊息的交換，每一個工作坊中都騰出一些時間讓家長們可以分享他們在教養孩子上的成功經驗以及所面臨的難題；老師們也將他們本身的經驗和知識提出來跟家長們分享，以引導家長們對孩子的成長及身心健康有更進一步的了解。在兒童發展原則的框架之下，與會的家長們也彼此協助解決難題。例如：在「活動轉換：順順利利或是每天爭戰？」的工作坊中，家長們以小組的方式列出他們家中活動轉換時間（起床、準備上學、準備上床睡

覺）常出現的問題，並考量老師們所建議的一些可在家中轉換活動時使用的小技巧。

◆ **鼓勵後續活動的進行**——在家長和老師們有機會釐清問題、分享經驗，並且討論一些解決對策之後，家長們需要一些時間以及重複的機會，將他們所得到的資訊加以應用。安排一些後續進行的活動和建立雙向溝通的管道，可以讓家長和老師們在工作坊結束之後仍可彼此支援和討論問題。例如：在「清掃、購物、洗衣、整修家裡，和陪孩子一起玩！」的工作坊裡，家長和老師們檢視家長和孩子一起做家事的教育價值。關於後續活動，老師和家長們一起組合了一些玩具箱，家長們可以借回家裡和孩子一起進行活動，即使在工作坊結束之後，家長和老師們仍可以不斷地添加和使用這些玩具。

這些工作坊如何反應出高瞻幼兒園的課程

這些工作坊的設計，是為了將高瞻教學原則應用到家中和社區裡。我們將這些工作坊依高瞻學前教育「學習輪」中的五個課程重點要項來加以分類：*主動式學習、日常作息、學習環境、成人—幼兒互動和評量。*

高瞻學前教育的「學習輪」

評量
◆ 團隊工作
◆ 每日的軼事記錄
◆ 每日的計畫
◆ 幼兒評量

成人—幼兒互動
◆ 互動的策略
◆ 鼓勵
◆ 面對衝突時解決問題
　的方式

主動式學習
自發性的
重要經驗

日常作息
◆ 計畫—工作—回想
◆ 小組時間
◆ 團體時間

學習環境
◆ 學習區
◆ 材料
◆ 貯存

◆ **主動式學習**——學習輪的中央代表著我們衷心的信念：孩子
最好的學習情況是經由**主動地和人、事、物，以及想法或點
子之間去互動**。主動地參與以及對他們的經驗加以反思，可
以幫助孩子建構知識，以及認識他們周遭的事物。好奇是幼
兒們的天性，他們喜歡探索新事物、提出問題以及尋找答
案；他們試著用許多不同的方法去解決他們在執行構想時所
遇到的困難。孩子強烈的好奇心，將會激發他們自發性的學
習和探索，如此的學習和探索將會引領孩子去參與我們所謂
的重要經驗，也就是十個在發展上重要領域的學習機會：創
造性表徵、語言和讀寫、自發性和社會關係、動作、音樂、

分類、序列、數目、空間，和時間（高瞻學前教育重要經驗的完整列表，請參考本書 pp.50～53）。在本書的第一部分「主動式學習」工作坊中，我們向家長們解釋培養孩子成為能夠做決定的人之價值所在。貫穿這一系列工作坊的主要概念是，如果我們提供機會讓孩子跟他們周遭的人、事、物互動，他們自然而然地會呈現多方面的成長：社會、情緒、聰明知識以及身體上的成長。同時，這些工作坊也提供給家長們健全的兒童發展方面的訊息，以協助家長們進一步地了解孩子的行為和感受。

☀ 主動式學習不僅對孩子而言是很重要的，對大人來說也是一樣重要。在此工作坊中，成員們經由不同的方式去探索不同的材料，來了解玩耍和實際經驗對幼兒教育的重要性

◆ 日常作息──規律性的日常作息有利於培養孩子做決定的能力，能夠預期隔天會發生的事，讓孩子對他們每日的活動有些掌控。在學習輪日常作息的部分，也反應出孩子逐漸出現的性向和統整思考的技巧，以及經由回想的過程，孩子可以

想想剛剛發生了什麼事？下次用什麼方法可以再做出一樣或是不一樣的東西？在本書第二部分日常作息的工作坊裡，我們把焦點放在如何將主動式學習融入規律的日常作息之中。其實將這樣的方式運用在家中，常可以使家長們的家居生活輕鬆不少。一些在家中常見的問題，例如：如何處理日常活動轉換的頭疼問題？如何在繁忙的家務中撥出時間來陪孩子玩耍？以及如何協助孩子將他們的想法付諸實行？我們也將一一在這些工作坊中加以探討。

◆ **學習環境**——孩子需要適當的材料以及一個他們能夠容易取用材料的**學習環境**，來培養他們以創造性及有目的性的方式來參與重要經驗。能夠自己去尋找完成計畫所需要的材料，以及在用過之後歸還原處，可以幫助孩子學著去建立一些比較實際，而且是他們能力範圍能夠達成的目標。在這一部分的工作坊裡，我們幫助家長們了解孩子主動而實際地進行玩耍的重要性：哪些材料和玩具是我們可以提供給孩子的？以及在安排和擺放這些玩具和材料時，需注意哪些事情？例如：在其中一個工作坊中，我們讓家長們了解哪些玩具比較能夠支持孩子的學習；在另一個工作坊中，我們提供家長們一些可以減少家中玩具堆積的方法。

◆ **成人—幼兒互動**——在協助孩子了解他們的目標和方向上，成人扮演了一個很重要的角色。學習輪中「成人—幼兒互動」的部分，我們比較著重的焦點是：成人如何回應孩子自發性的玩耍，以及成人如何參與孩子的玩耍，好讓孩子覺得可以放心地去執行他們的想法。在這個部分的工作坊裡，我們和家長們探討如何運用孩子獨特的人格特質和長處，做為我們提升正向溝通和互動的資源。孩子對掌控和獨立性逐漸增加的需求，及如何以解決問題的方式來面對衝突，也都是

這個部分討論的焦點。

◆ **評量**——高瞻學前教育「學習輪」中「評量」的部分，強調成人在支持和延展幼兒本身興趣，以及對建構知識的興奮上所扮演的重要角色。我們深信，不論是家長們或是老師們，經由仔細地觀察幼兒，都能運用他們所看到、聽到孩子所做、所說的，來引領他們跟幼兒之間的互動，以及運用適當的方式來延展孩子的經驗。我們將這一部分的工作坊列在「特殊主題」裡，因為它含括了在許多和家長與老師有關的問題情況中對孩子的觀察。這個部分的重點在於那些會影響日常家庭生活的問題，例如：帶孩子一同旅遊、和其他的成人們共同分擔孩子的教養責任，以及處理其他人對孩子行為的負面反應。

如何能從工作坊中得到最大的收穫——基本準備的秘訣

即使是最多才多藝的老師，主辦家長工作坊也可能會覺得有些膽怯；即使是在熟悉的教室裡，面對一群大人和面對一群孩子的感覺則是非常不同的。以下是舉辦家長工作坊或會議的一些原則：

◆ **在會議進行之前做好你的準備工作。**一份簡單的關於家長需要和興趣的問卷，將可以幫你決定以下三十個工作坊中，哪些是你所需要的。學年之初，請家長們列舉六項他們最想在這學年內討論的主題；你也許需要先把這三十個工作坊加以過目，然後在每一個部分選出兩到三個你覺得最上手的工作坊，將他們列表請家長們勾選。一旦你收到家長的回條，你就可以選出六個最吸引大部分人興趣的工作坊，將每一個工作坊的主題以及舉辦時間和日期列在發給家長們的行事曆中。然後，等到日期快接近時，要記得再提醒家長們，例

如，在幼兒園中張貼海報以及發函到家中提醒家長們。除此之外，別忘了要直接去邀請家長們，如此可讓家長們感受到他們的參與將是這些工作坊成敗的關鍵。

任何關於工作坊的簡介，不論是最初的工作坊列表，或是後來的提醒，你都可以用會吸引家長們的方式來對各個主題加以說明，讓他們了解這些工作坊對他們以及孩子的益處。以下是一些供你參考的例子：

工作坊主題	說　明
#12 —「在家中閱讀」	選擇一些可以增廣孩子視野和思考的讀物。
#15 —「用教室裡的學習區作為採買禮物的參考」	選買一些不是電視廣告的玩具。
#21 —「解決每天的問題：機會學習」	「幫幫我！我的夾克倒過來了！」幫助孩子解決問題，而不是幫他
#25 —「跟孩子一起旅遊」	「到了沒？」如何能使家庭旅遊成為你和孩子都喜歡的活動

◆ **盡可能的做好各種安排，讓家長們方便參加這些工作坊。**如果家長們不需另做安排或是付費找保姆，他們比較可能來參加這些工作坊。因此，如果在課後的時間舉行工作坊，最好是在舉行工作坊附近的地點提供托兒的設施。工作坊開始之前擺設一些簡單的茶點，可以讓家長們感受到輕鬆而又受歡迎的氣氛。家長們對彼此比較熟悉之後，你也可以幫助他們

協調共同搭載的問題（高瞻教學也非常鼓勵一些親子可以共同參與的活動，但是它不在本書討論的範圍之內）。

◆ **當家長們來到會場之後，教師或是學校的行政人員以個別化的方式來一一跟他們打招呼。**將簽字筆和名牌放在會場的進口處，並且張貼標示提醒家長們將名字以大一點的字體寫在名牌上。以五、六人一小組的方式來安排座位。在會議開始的最初五分鐘，讓家長們以非正式的方式跟小組內的成員彼此認識、聊聊。圓桌非常適合此種安排（此書中所有的桌子都是指小組活動的桌子）。記得，要以感謝家長們的參與來開始你每次的工作坊。

☼ 教室的公告欄也是方便宣布即將來到的工作坊以及其他活動的好地方。這個公告欄也可作為老師和家長們以及家長間分享教養孩子方法及點子的工具

◆ **對於家長們參加工作坊可能會有的不同感受，表現出應有的敏感和了解。**有些家長們可能非常積極地參與工作坊，並且願意和其他的家長以及老師來分享和討論孩子的教養問題。然而，有些家長可能對討論的主題完全不感興趣卻認為他們

必須要參加；有些家長們可能不願意討論私人的問題，或是擔心別的家長們會不認同他們教養孩子的方式。開誠佈公地面對家長們可能有的反應以及你自己的一些感受。建議你從學期一開始以及在適當的工作坊裡，對家長們的感受加以認知。你可以簡單回應，讓家長們放鬆心情，例如：「這些訊息並不容易掌握，因為似乎並沒有容易的答案。」每個工作坊的開場活動都是針對讓參與者能立即主動參與而加以設計的，所以你愈快開始此項活動，就能愈快減少家長們的緊張和在與會時過於自我注意的時間。

◆ **保持應有的彈性**。應用工作坊的準備計畫來作為你進行討論的基礎，但是要針對家長們的需求和興趣來調整你的用辭和活動的選擇。當你覺得家長們能吸收更多的資訊時，你可以增加工作坊的內容，或是當你覺得家長們可能需要更多時間來消化所吸收的資訊和計畫接續的安排時，你可以針對單一主題來探討。基本上每個工作坊都是以一小時作為計畫的原則，但是並沒有硬性規定每個工作坊進行時間的長短。牢記工作坊的整體目標，會協助你決定將焦點放在哪些項目上。試著不要花太多時間在工作坊的任一項活動上，要在每個工作坊的結尾留下足夠的時間將會議做個總結，並且讓家長們有足夠時間來做接續的計畫。小組活動時，當你在小組間走動，你可能需要溫和地提醒某些組要加快他們活動進行的腳步（例如，「還有三分鐘，我們就要請各小組和大家分享他們小組討論的結果。」）。

◆ **利用最初的問卷調查表、提醒的海報或函件，以及系列最初的工作坊來向家長們強調，工作坊是以與會的家長們主動參與為基礎來進行和安排的**。讓家長們明白工作坊秉持著彼此溝通和分享的原則，與會的家長們在工作坊進行中，會有機

會一起解決問題，以及討論如何將吸收的資訊應用到他們各自的情況之中。當家長們以兩兩成對或是小組的方式來進行討論或活動時，主持會議或是與會的老師們可以在他們之間走動、傾聽、表達意見，或是在時機和情況都適當時，特別引介某些家長們彼此認識。回答家長們所提出來的問題，同時也鼓勵他們嘗試一起解決問題。

◆ **支持性的整體氣氛，讓家長們願意跟大家分享他們的想法。**
工作坊的目的並不是要讓家長們覺得他在家中所做的是錯的，而需要經過工作坊來加以修正。讓家長們了解，工作坊是讓大家互相分享、彼此學習的。用你的言詞、態度以及行動來提醒家長們——他們才是最了解自己孩子的專家。和家長相處時，以接受的態度、尊敬以及支持的方式，讓他們在工作坊中覺得很自在且彼此接受，進而覺得他們也有能力用相似的方式來和他們的孩子互動。為家長們提供適量的資訊，然後要將重點放在讓家長們覺得有成就感，並且對這些資訊有把握。避免一些個人化，像「我是怎麼解決這個問題」之類的故事；要將你的評論或是問題的焦點放在孩子而不是家長身上。藉著提出一些針對主題但是卻可以讓家長們有發揮餘地的問題，溫和地引領家長們去自我發現；避免問一些「為什麼……」之類的問題，這類的問題容易引發敵意而使得談話無法繼續，以下的例子都屬於此類的問題，例如：「為什麼你覺得她喜歡的食物和你喜歡的會是一樣的呢？你有沒有想過那對三歲小孩來說也是很困難的？為什麼你覺得你這樣說他就會聽呢？」我們比較建議你問下列這類的問題，例如：「你平常都……？如果……會怎麼樣？你有沒有試過……？當……時，她還想試著對你說什麼呢？幫助我了解一下……」

◆ **有些家長也許對工作坊中的資訊表示不贊同，你也不需要表現出吃驚或是不高興。**讓家長主動參與以及對主題表達他們的看法，並不保證他們都會贊同工作坊中所提供的資訊，或是工作坊中的氣氛都會很和諧。事實上，也許因為家長們覺得他們可以自由地分享他們的感受，有可能會出現相反的效果。在系列工作坊開始之初，清楚地向家長們表明你的角色是資訊的呈現者，你將協助他們了解你用來教育他們的孩子的教學方式，而他們的角色則是以他們覺得有意義的方式來將這些資訊加以應用。讓家長知道，你了解有些家長也許對你或是其他家長們所分享的資訊並不同意，但是你也期望大家能同意用一些原則來處理辯論或是意見不同情況的發生。在系列工作坊開始之初，花一些時間和家長們討論一些大家同意遵守的基本原則，好讓大家都能自在地交換意見和從新的角度來看事情。你可以在白板或是壁報紙上寫下「團體同意遵守的原則」，並列下兩到三條原則做為開頭，讓家長們繼續加上更多的建議。在接下來的工作坊中都將這些原則張貼在會場。以下是一些可以幫你開個頭的例子：**對方在陳述時，傾聽而不打斷，直到對方停止。對於某些主題，同意讓不同的意見同時存在。分享你覺得可以分享的事情，並且期望這些訊息會得到保密的尊重。**

使美夢成真——工作坊計畫的機制

在本書的各個主要部分，我們提供了六個以一小時為長度的工作坊，本書總共有三十個工作坊的計畫。每一個計畫都有著雷同的架構：

◆ 目標

◆ 材料

◆ 簡介

◆ 開場活動

◆ 中心概念

◆ 應用上的反思和點子

◆ 接續的安排

◆ **目標。**在某一個工作坊中，你想讓家長們了解的資訊，都會列在目標的項目之中。這些簡單的陳述將會提供該工作坊目的的總體概觀。這些陳述並不是一些過於詳細、可以評量的標的。例如，在「在家中做選擇」的工作坊中，主持工作坊的老師們了解他們會面臨一般孩子在家中會做的選擇、支持這些選擇的理由，以及一些可以平衡孩子做選擇的需求，和家長覺得需要為孩子建立一些準則的方法。

◆ **材料。**在材料的項目之中，我們列了一些需要使用的物品，包括視聽器材和講義。如果有工作坊中需要一些表格，製作的方法會列在此項目中；你可以用大型的壁報紙來製作，然後將其掛在白板或是畫架上。如果你有投影機，也可以將其製作在投影片上。所有工作坊中所需的講義都列在每個工作坊準備計畫的後面。你可以為每位與會的家長複印這些講義，你也可以將複印的講義分贈給那些沒有辦法來參加工作坊的家長。偶爾，你可能需要從其他高瞻出版品中影印一些文章或段落（高瞻出版社允許你將各個工作坊準備計畫中的講義以及在該計畫中所提到的相關高瞻出版品影印二十五份。如果你需要超過二十五份的影印，請跟高瞻出版社聯絡以獲得許可，電話：002-1-734-485-2000，轉298；傳真：002-1

-734-485-0704。國內的讀者可與心理出版社聯絡）。本書的最後面列了一些參考用的資源書。

◆ **簡介**。雖然在目標的項目中為主持工作坊的老師們列出之所以列入某些目標的理由，在簡介的部分則是用日常用語將這些理由以家長為對象來解說。你可以用這部分的說明做為工作坊的開場白，來歡迎家長們參加工作坊以及介紹在該工作坊中所要探討的主題。例如，在「在家中做選擇」工作坊的簡介中，我們將三個簡單的目標濃縮成更簡單的說明，此說明協助家長們了解工作坊的焦點在主動學習選擇的內容，以及如何將其聯結到孩子每天在校外的日常作息中。

◆ **開場活動**。每個工作坊開始的幾分鐘，常常都是建立該工作坊進行氣氛的關鍵時刻。我們希望能建立一個讓家長們能自在地與他人互動，以及討論個人的問題和困難的氣象，每個工作坊中的開場活動就是達到這個目的。這個活動以開放式不具壓力的方式將家長們的注意力集中在主題上，這個小小的活動是設計來為你和家長們建立關係，以及介紹工作坊中所要探討的主題或是問題。要探討的主題常常都是藉由「開場活動」中以家長們的觀點來為家長們設立了解的舞臺，讓家長們了解這些問題是如何影響他們的孩子？例如，在「帶孩子外出旅遊」的工作坊中，家長們以小組的方式來跟他們小組中的成員們分享彼此小時候正面的旅遊和渡假經驗。這是一個以不具威脅性的方式，讓家長們以孩子的眼光來建構他們對旅遊的知識，以及鼓勵與會家長間的一種同伴感。

☼ 當你和家長們交談時，留意傾聽他們所擔心、煩惱的問題。從談話中你也許
會得到舉辦另一些本書中未能提到的工作坊的點子和想法

◆ **中心概念**。在這個部分裡陳述了該工作坊中主要的觀念和資
訊。你可以使用不同的呈現技巧來鼓勵家長們主動地參與。
利用圖表來展現資訊，以大或小團體的方式來討論實例，實
際著手以真實的材料將所吸收觀念加以展現，以及分發講義
鼓勵家長將所吸收的觀念應用到家裡。經由這些不同的方
式，家長們可以對孩子的發展得到比較深入的了解。例如在
「以正向的眼光來看待孩子」的工作坊裡，家長們有機會實
際體會被貼上負面標籤的影響，以及如何以比較正向的眼光
來描述孩子的行為。在大部分的工作坊裡，你都可能要花上

一部分的時間來和家長們討論每個工作坊的主要概念。

◆ **應用上的反思和點子**。當工作坊進行到這個階段時，家長們有機會將他們在工作坊中所討論過的一般性原則，實際而真實地應用到日常易發生的情況裡。這些情況可能是家長們所遇到過的狀況，或是一些在相關的圖表或講義裡所提到的一些似真的情境。這些規畫的討論經驗，鼓勵家長們以團隊的方式來討論和解決問題，以及在教養孩子的過程裡彼此支持。例如，在「了解孩子在家中的責任」的工作坊中，家長們一起反省他們的教養方式是支持或妨礙孩子參與協助家務。然後家長們選取一個支持孩子參與家務的教養方式，來取代一個他們過去所使用可能會阻礙孩子參與家務的教養方式。

◆ **接續的安排**。此部分的目的是要提供給家長們一些確實可將工作坊中的資訊應用到家中情境的點子。我們相信最有效的工作坊，是將目標定在家長在參與一個小時的工作坊之後，能對所吸收的資訊加以應用。因此，在有些工作坊中，我們請家長們做一個他們可以在家中施行的行動計畫。例如在「規則：是不能變動的或是可以在家中開放來討論的呢？」的工作坊中，我們請家長們列出他們在家中常常使用的規定，然後請他們從其中選出兩條規定是他們從工作坊中得到資訊之後覺得可以對其加以修正的。另外一個例子，接續的活動可以包括在教室內張貼一些資訊，或是向家長們詢問他們在家中施行的情況，有些時候，你也可以將一些可供家長們參考或閱讀的錄影帶或書，放在學校的圖書室內供家長們借閱。接續的活動也可以是一次針對某一部分主題做更深入探討的工作坊。在每一次的工作坊結束之前，別忘了宣布下一次工作坊的時間和主題，並且邀請家長們請親朋好友一起

來參加。

總而言之，本書的目的是爲幼教老師和專業從業人員提供一個和家長們建立夥伴關係以促進學前兒童教育的模式。我們深信每一位成人對孩子的看法都是獨特且具有價值的，將這些想法和看法綜合在一起，將有助於將孩子及其家庭身、心、靈的健全與家長和專業人員間所探討的問題有所連結。本著這樣的信念，我們向你呈現「家長工作坊的精要資源」。

1 什麼是主動式學習？

目　標

✓ 辨識和定義主動式學習的五項要素。

✓ 討論主動式學習在幼兒發展中所扮演的角色。

✓ 協助家長們辨識一些他們可以在家中支持孩子主動參與的方法。

材　料

◆ 一張大型的海報寫著主動式學習的五項要素（材料、操作、選擇、孩子的語言表達，以及成人的支持），並以照片及孩子的作品來作說明

◆ 準備做名牌的材料，包括：不同顏色的紙、剪刀、打孔機、線／繩、彩色筆，以及亮彩膠

◆ 幾個小的牛皮紙袋

◆ 空白的自黏式名牌以及幾支黑色簽字筆

◆ 大型壁報紙和彩色筆或是投影機

◆ 表 1A（事先用大型壁報紙或是投影片寫好）

◆ 講義：「主動式學習所產生的正面影響」
　　　　「主動式學習的要素和過程」

1. 在會場時以家長們的名字來和他們打招呼。告知家長們今晚的主題是主動式學習，並且邀請他們閱覽說明主動式學習的五項要素的海報。

2. 進行五分鐘之後，將家長們以四到五人爲一組的方式加以分組。

開場活動

3. 一半的人拿到一袋事先準備好的製作名牌的材料，另一半的人則拿到空白的自黏式名牌和一支黑色簽字筆。請拿到製作材料的家長們自己設計和製作名牌；另一半的家長們則輪流用那支黑色簽字筆將他們的名字寫在自黏的名牌上（姓可省略），然後將名牌貼在左胸前。

4. 家長們用十分鐘的時間來完成名牌。請用簽字筆在自黏名牌上寫名字的家長們安靜地等待。在名牌製作結束前的兩分鐘，讓家長知道時間快結束了，他們要開始將東西收拾一下。

中心概念

5. 使用表 1A：「主動式學習的要素」。唸出主動式學習的定義，並且將此定義記在心裡，一起用其來回顧一下他們剛剛做名牌的活動。先和那些自己動手做名牌的家長一起看一下主動式學習的五項要素，並且請家長們就每一項要素依著他們剛才活動中所經歷的經驗來記錄實際的例子。然後，以同樣的方式和那些沒有自己動手設計名牌的家長們（用簽字筆寫在自黏名牌上）討論，哪些主動式學習的要素在他們的活動經驗裡是缺乏的。你的圖表可能會很類似以下的樣子：

✿ 自己設計名牌的家長們

◆ **材料**──紙、剪刀、打孔機、線／繩、彩色筆、亮彩膠。

◆ **操作**──擠、剪、撕、設計。

◆ **選擇**──有些名牌上的名字以亮彩膠來寫,有些則以彩色筆來寫;有些名牌是掛在脖子上的,有些則是以摺疊的方式立在桌子上。

◆ **語言**──談到最近流行的感冒、即將到來的假期旅遊,以及家長們使用美勞材料時所激發的談話。

◆ **支持**──別人在剪線或繩子時幫他們拿一下線或是繩子,給與足夠的時間以及提供多樣化的材料。

表 1A ─ 在步驟 #5 中使用

主動式學習的要素

　孩子們藉著與人、事、物和想法做互動,來了解他們周遭的世界。

自己動手設計名牌的家長們
- 材料:
- 操作:
- 選擇:
- 孩子的語言表達:
- 成人的支持:

填寫自黏式名牌的家長們
- 材料:
- 操作:
- 選擇:
- 孩子的語言表達:
- 成人的支持:

✿ 填寫自黏式名牌的家長們

◆ **材料**──(有限)黑色簽字筆和自黏式名牌。

◆ **操作**──(有限)填寫名字、剝離紙張以及貼在衣服上。

◆ **選擇**──(有限)稍微可在字樣和字型上做變化。

- ◆ **語言**——向彼此介紹哪位是他們的孩子，並且提到爲什麼另一些家長們可以自己設計及動手做名牌。

- ◆ **支持**——（有限）給與比較特定步驟、較少的材料，以及有較長的等待時間。

6. 向家長們解釋高瞻教學的課程設計是以主動式學習爲基礎架構，而學校裡的教職員們也都相信，主動式學習對孩子在社會上以及教育上所產生的正面影響。分發講義「**主動式學習所產生的正面影響**」，並邀

☀ 當家長們在工作坊中經歷了主動式學習的好處之後，他們才眞正地了解到主動式學習的重要性

請家長們發表他們的意見或是提出問題。當你針對講義上第三點（維持興趣和減少無聊感）做討論時，提醒那些填寫自黏式名牌的家長們剛剛在等待時所感到的無聊，藉此引導家長們聯想到類似的情況——當成人們要求孩子被動地遵循某些特定的步驟去完成某些活動時，孩子可能會有的感受。

應用上的反思和點子

7. 列下一些家長們注意到並且支持他們的孩子主動參與家中活動的方式。實際的例子可以包括：孩子在早上脫換衣服之後能把衣服放好；自己主動選取睡前要看或是要請爸媽唸的故事書；主動在用餐前幫忙擺設碗筷；在玩踩泥濘之前會先把鞋襪脫掉；以及自己會把牙膏擠到牙刷上。

8. 用「**主動式學習的要素和過程**」的講義來和家長們複習主動式學習的概念。記得要向家長們說明，在未來的工作坊中，你會繼續

和他們一起來檢視這些主動式學習的要素，以及這些要素對孩子的教育經驗所造成之影響。

9. 向家長們說明未來所舉辦之工作坊的形式：每一次的工作坊中都包括了該工作坊的目標、一個介紹該次主題的開場活動、以小組或是大團體的方式進行關於該工作坊中心概念的討論，以及回想看看有哪些工作坊中的資訊是可以應用到家中的。

10.感謝家長們的參與，並且請他們帶張孩子在家中玩耍或是與家人一起出遊的照片。

接續的安排

11.將家長們帶來的照片掛在孩子可以看得到的地方。如果可能的話，將照片掛在靠近入口的地方，那麼家長們和孩子可以一起欣賞這些照片。

12.展示以不同方式使用相同材料的作品給孩子看，來強調主動式學習的要素。在和家長們談話時，告訴他們你看到他們的孩子如何使用這些材料，或是轉述孩子在使用這些材料時所發生的談話，讓家長們了解這些材料對他們的孩子來說是獨特又具有意義的。

13.提供一卷高瞻出版的錄影帶「支持幼兒的主動式學習：不同情境裡的教學策略」（Supporting Children's Active Learning: Teaching Strategies for Diverse Settings）讓家長們借閱（購買此錄影帶的資訊列在本書最後的參考資料內）。

主動式學習所產生的正面影響

- 提供機會讓成人們與孩子可以藉由探索材料和想法，以及經歷事件，來一起發明和發現。

- 鼓勵成人們支持以及擴展孩子自己的選擇、想法和努力，來減少成人與孩子間的衝突。

- 協助孩子維持他們在學習過程中的興趣，並且允許他們去做自己覺得重要的事情來減少無聊感的產生。

- 提供機會讓孩子能發展出能力來照顧自己的需求以及解決自己的問題。

問題討論摘要：

講 義

主動式學習的要素和過程

什麼是主動式學習的要素？

一次主動式學習的經驗包括了以下五項要素：

- **材料**：孩子會去探索和玩耍那些吸引他們或是讓他們覺得有興趣的東西。最好的學習材料是那些孩子可以用不同的方式來使用的材料。
- **操作**：孩子通常是以直接肢體接觸的方式來探索和組合材料。
- **選擇**：孩子有機會選擇他們要怎麼使用材料。
- **孩子的語言表達**：孩子用語言來表達他們正在做些什麼。
- **成人的支持**：成人們鼓勵、協助，以及參與孩子的活動。

什麼是主動式學習的過程？

肢體的活動

孩子用他們身體的每一個部分，以及他們所有的感官來探索和學習外界的事物。學前的孩子常主動使用肢體來和外界事物接觸的一些方式，包括：推、拉、擠、拍、拆開、組合、壓、聞、舔、搖、滾和搥。經由這些經驗，孩子開始建構他們對周遭事物的了解：球可以拿來滾，拍水會濺起水花，冰是冷的而且還滑滑的，胡蘿蔔嘗起來比鉛筆的味道好些。

（下頁續）

(承上頁)

心智活動

　　當孩子在探索材料和想法的同時，他們的心智也是活躍的。他們開始自己的計畫。他們的互動是具思考性的：他們詢問和回答自己的問題，以及他們在使用材料時遭遇和解決問題。這樣的計畫、測試、詢問和實驗的過程，幫助孩子對周遭世界發展出更進一步的了解。以下的問題是一些孩子在使用材料或是與事物互動時可能會思考的問題：哪個球滾得比較快？屋頂要怎麼放才不會掉下來（積木屋）？我要用什麼來做姊姊的生日卡片呢？

　　如此以肢體和心智活動的組合就是我們所稱的主動式學習。在主動式學習要素的存在下，孩子是以思考者、學習者以及工作者的形式發展和成長。

2 在家中做選擇

目 標

✓ 檢視那些孩子在家中自然就會做的選擇。

✓ 討論支持孩子在家中能有所選擇的理由,以及這些選擇對家長們
造成的影響。

✓ 找尋可以平衡家長和孩子需求的方法。

材 料

◆ 講義:「孩子可以成為決定者」

　　　　「尋找平衡點」

◆ 大張的壁報紙中間以摺痕或線條分成兩部分,一邊寫「我放心讓
孩子做選擇的事物」,另一邊寫著「我不放心讓孩子做選擇的事
物」

簡 介

1. 向家長們說明此次工作坊的重點是主動式學習中的要素之一:
「做選擇」。主要的原因是因為孩子每天在學校以外的生活都跟
做選擇有所關聯。

2. 分發講義：「**孩子可以成為決定者**」。請家長們以四到五人為一組，依著講義上的說明來進行活動。請家長們以十五分鐘的時間來完成此項活動。

中心概念

3. 請各小組回到團體中。以各組所提出的例子為指引，引導大家針對「讓孩子在日常生活中能有所選擇」的價值來做討論。比較深入地探討有哪些選擇是家長們覺得放心讓孩子決定的，並且將討論的結果填在壁報紙的「我放心讓孩子做選擇的事物」欄內。例如，在「我放心讓孩子做選擇的事物」欄內，你可以寫午餐時選吃生或是熟胡蘿蔔；在「我不放心讓孩子做選擇的事物」欄內，你可寫下看有暴力畫面的錄影帶或是玩刀槍之類的玩具。當你在記錄家長們的回答時，要對他們的回答加以認知，例如：「吃青菜有助孩子的健康。」「暴力是一個永遠存在的擔憂。」

應用上的反思和點子

4. 分發講義：「**尋找平衡點**」。大家一起進行「狀況一」，然後再請家長們以小組的方式（大約十分鐘的時間）來完成「狀況二」和「狀況三」。

5. 請各小組回到大團體來，主持工作坊的老師跟大家提一下剛剛有哪些小組提出了不錯的解決方式。特別強調有哪些點子是可以讓家長們在面對無法妥協的情況下，以創意的方式給與孩子部分的選擇權，例如：在培養孩子養成睡前刷牙的習慣時，家長們可以提供的選擇並不是刷與不刷，而是讓孩子在三種口味的牙膏裡選一種來刷牙。

6. 展示孩子在教室裡做選擇的照片。這些照片可以包括孩子在玩電
   腦、在娃娃區玩裝扮的遊戲、畫畫,或是用放大鏡觀察蟲子。

孩子可以成為決定者

　　以下面的項目為例，來談談有哪些事項是您在日常生活中看到孩子做決定的例子。例如，您的孩子可能總是要穿運動褲上學，或是所有吃的東西都得加上起司才吃等等。

🍀 衣服：

🍀 食物：

🍀 電視節目、電腦遊戲或是圖畫書：

🍀 玩具或是遊戲：

🍀 和他們一起玩的朋友或是家庭成員：

🍀 其他：

尋找平衡點

　　有些時候孩子的選擇和您心中的想法可能互相抵觸，以下的一些方法可供您作為處理與孩子意見不同時的參考。請在以下的每種狀況裡寫下三種解決的方式，每種方式必須與所列的方法互相搭配。談談在每種情況下您所偏好的處理方式。

方法一：選重點作戰，其他次要細節就暫緩處理。

方法二：誠實並詳細的向孩子解釋您為何不贊成他們的選擇。

方法三：提供一個與孩子的選擇相仿，但卻是您也可以接受的選擇。

狀況一：即使是在很熱的夏天，您的千金仍然執意要穿長袖。

方法一：就讓她穿，如果她覺得熱了，她自然會要求更換。

方法二：告訴她：「這麼熱的天穿短袖比較好，我很擔心妳穿長袖會熱出病來。」

方法三：提供一些淺色的薄長袖來供她選擇。

狀況二：您的孩子只願意吃比薩、通心麵加起司以及薯條。

方法一：

方法二：

（下頁續）

（承上頁）

方法三：

狀況三：您的孩子喜歡玩刀、箭之類的玩具，看電視也多半愛
看暴力性的節目。

方法一：

方法二：

方法三：

您家中常發生的一些狀況：

學齡前的數概念

目　標

✓ 檢視孩子與成人對於數在觀念上的差異。

✓ 擴展家長們對於數的了解。

✓ 注意孩子對數的了解如何隨著成長而有所改變。

✓ 讓家長們了解如何能靈活支持孩子在家中所展現對數的好奇。

材　料

◆ 講義：「幼兒與數」

　　　　「學齡前幼兒對數的了解」

　　　　「加強孩子了解數概念的一些支持性策略」

◆ 爲每一小組的家長們準備一些鉛筆和原子筆

簡　介

1. 向家長們解釋你希望先和他們一起探索一下究竟「數」對學齡前的幼兒代表著什麼意義？然後你將提供一些家長們可以支持孩子了解數概念的方法。

2. 分發講義：「**幼兒與數**」。請三位家長們分別唸出講義中的三種
   狀況，然後請家長們以三到四位為一組，來討論孩子在這三種狀
   況中可能會有不同於成人對數的了解。請家長們以十分鐘來完成
   這項活動。

3. 請各小組的家長們回到大團體來，並且請他們跟大家分享一下剛
   剛的討論。

中心概念

4. 以講義：「**學齡前幼兒對數的了解**」做引導，鼓勵家長們從發展
   的觀點來探討孩子對數的了解。將家長們分成小組，並且請每一
   組的家長們針對講義中的某一要項來做討論。請每一小組推派一
   位代表來記錄討論要點，並與大家分享該組的討論。

5. 請各組回到大團體中，並請各組所推派的代表與大家來分享各組
   的討論要點，也請其他的組對發表的組做回應，提出問題，或者
   是分享類似的生活經驗。如果家長們沒有提到，主持工作坊的老
   師要記得提醒家長們不要去糾正孩子在數數時所犯的錯誤。

應用上的反思和點子

6. 向家長們解釋，孩子對數的了解會隨著時間和經驗而有所增長，
   成人們可以用一些支持性的策略，從每日的生活經驗中來幫助孩
   子建立這個發展的基礎。再一次請家長們分成小組，請他們照著
   講義：「**加強孩子了解數概念的一些支持性策略**」上的步驟來完
   成這項活動。

7. 大家一起針對剛剛在小組中的討論，列出一些一般性的策略。請
   家長們選取其中一項策略，在家中試著執行一個星期，並且請家

長們以文字或是口述的方式來和你分享一下他們執行的結果。

接續的安排

8. 收集在第七項中家長和你分享的實例。將這些例子以文字的形式
記錄，並且張貼在公告欄上與其他家長們分享，公告欄可以「幼
兒與數」為主題。

☀ 孩子對數的了解經由他們與實物的接觸、對生活經驗的反芻，以及與成人的
對話中逐漸地成形。圖中的孩子以塑膠動物和積木發展出某種重複形式的排
列

幼兒與數

　　閱讀以下三種狀況中的學齡前幼兒在日常生活中對數的體驗。與您組裡的成員們討論在這些狀況中，學齡前的幼兒與成人或是年紀稍長一點的孩子，想法上不太一樣的地方。在第一個狀況的意見欄中，我們將幼兒不同的想法寫出來供您參考，請您和同組的成員們針對其他兩種狀況，就幼兒與成人或是年紀稍長一點的孩子對數的不同詮釋來討論，並且將你們的意見或看法填寫在其他兩個意見欄內。

狀況一

　　在萬聖節的時候，您帶著三歲和六歲的孩子一起去社區的鄰居家裡要糖果（譯者註：這是美國孩子在萬聖節晚上的傳統活動。孩子會裝扮成不同的造型，到鄰居或朋友家去敲門，當有人出來應門時，孩子會說：「惡作劇或是給糖吃。」意思是如果不給糖吃，孩子就要惡作劇了。大多數的家庭或是商家都會準備好糖果等孩子來敲門）。回來之後，兩個孩子都把糖果倒在廚房的地板上。突然三歲的孩子大叫：「姊姊的糖果比我多！」您注意到六歲的女兒把糖果灑成長條型，而不是像她的弟弟一樣把所有的糖果都堆成一堆。

✿ 意見／評論：

　　大部分六歲的孩子會了解東西的多少並不以它們分散所占的空間大小來決定；同樣數量的東西，把它們分散在大小不同的空間裡並不會影響它們的數量。但是大部分三歲的孩子，常用物

（下頁續）

（承上頁）

品所占據面積的大小來判斷東西的多寡，對他們來說，如果物品占據的面積比較大，看起來比較多，那麼數量上一定比較多。

狀況二

您和四歲的女兒一起為家裡的小花園鬆土，四歲的女兒跟您說：「媽媽，我挖到好多蚯蚓喔！」女兒數一數說一共有十隻，雖然她手上只有六隻蚯蚓。有些蚯蚓她重複數了！

❧ 意見／評論：

狀況三

您請四歲的兒子幫忙擺晚餐時要用的碗筷。在他擺完之後，您注意到有的碗旁邊有一雙筷子，有的只有一支，而有的碗旁邊只有湯匙而沒有筷子。

❧ 意見／評論：

I.
主動式學習

學齡前幼兒對數的了解

1. 幼兒自然而然會收集東西並且將物品分類。他們仍以物品的外觀來判斷其數量的多寡，所以在比較各組的數量時，他們常會誤判──尤其是該物品的體積比較大時。他們的收集品並不一定都要是從店裡買來非常漂亮的商品。孩子通常會喜歡收集一些日常生活中常見的物品，例如：各式各樣的石頭、釦子、葉子和蒲公英等等。

2. 當孩子數東西時，常見的情況是某些數字會依照正確的順序來數，有些數字則會不按牌理出牌。例如：幼兒可能會這樣數著：「1、2、3、4、5、6、7、8、9、10、11、12、14、13、10。」對這個年齡的孩子而言，數數的過程和樂趣，比正確地數數還來得重要。您可能需要忍一下想矯正他們的慾望，以免減低了他們在這個階段喜歡數數的樂趣。幼兒們把數數看成是一件有趣的事情，而不是一項測驗。經由許多的練習和體驗，例如：數街燈、假裝的生日蛋糕上的蠟燭、您的眼睛、您臉上的雀斑、停車場的車子、卡車的輪子等等，即使沒有成人在旁給與測試，孩子也會逐漸地學會正確地數數。

3. 您會觀察到，當孩子在玩耍時，他們有時會自然地把物品做一對一的排列：兩張椅子、「兩個人開車到超級市場去買東西」、一個娃娃一頂帽子，或是製冰盒的一個小格放一個小石頭。還有，孩子有時會正確地使用這種一對一的關係，但

（下頁續）

（承上頁）

是有時他們可能會在一個碗裡放兩根湯匙。所以，我們應該
鼓勵和支持孩子的努力，而不要把焦點放在他們的正確性上。

▶▶家長工作坊的精要資源：理想的教學點子 IV. Copyright © 2000 High/Scope® Educational Research Foundation.本出版社保留所有權益。本出版社允許本書的擁有者在舉行家長工作坊時影印此頁。「High/Scope」的名字以及商標都屬於高瞻出版社所有。

加強孩子了解數概念的一些支持性策略

參考以下所列的一些支持性的策略和例子，並且列出一些您聽孩子說過，或是您覺得可以嘗試用這些策略來和孩子互動的例子。

策略#1

傾聽並且接受孩子對數量的描述和比較，或是對物品數目的描述和比較。

「妳的衣服有比較多的釦子，因為這些釦子比較大。」
「我要做很多的煎餅，那我就不會肚子餓了。」
「她的蛋糕上的蠟燭比我的還多。」

其他的例子：

策略#2：

在日常生活與孩子的對話中使用「比較多」、「比較少」和「一樣多」等用語。

「我看到你在這條繩子上放的珠子比那一條多。」
「你和我有一樣多的餅乾。」
「嘿，你外套上的釦子比你夾克上的釦子少。」

（下頁續）

（承上頁）

🍀 其他的例子：

策略#3：

利用孩子天生就喜歡數東西的本性。

睡覺時間到時，和孩子一起數要走幾步才會到臥室。

到超市買東西時，和孩子一起數放了多少樣東西在籃子裡，或是放了幾樣東西在結帳的櫃台上。

孩子在盪鞦韆時，數您推的次數。

🍀 其他的例子：

策略#4：

給與孩子機會去體驗一對一的對應。

鼓勵您的孩子幫彩色筆蓋上蓋子。

請您的孩子幫忙找可以蓋在大小不同的保鮮盒上的蓋子。

用塑膠蛋和空蛋盒來玩個遊戲。

🍀 其他的例子：

I.
主動式學習

4 重要經驗：提升智力、情緒、社會和身體上的成長

目　標

✓ 讓家長們熟悉高瞻教學的五十八項重要經驗。

✓ 向家長們解釋，重要經驗會自然地出現，可以作為成人在觀察孩子以及與孩子互動時，思考和了解他們的指導原則。

材　料

◆ 將重要經驗的定義寫在大張的壁報紙或是投影片上：重要經驗——描述孩子如何和他們周遭的人、事、物互動，如何看這個世界，以及哪些經驗對孩子的發展而言是重要的

◆ 培樂多或是黏土（足夠份量，讓每個人都可以分到一小塊）

◆ 不同寬度和長度的塑膠吸管

◆ **重要經驗講義**

◆ 孩子參與教室活動的照片，每個孩子都至少在一張照片內出現。將照片依重要經驗來加以分類，每個重要經驗都有照片來呈現，並且註明照片內的孩子在進行什麼活動。如果情況合宜，也可以直接加進孩子的對話來加深家長們對重要經驗的了解

1. 向家長們介紹這次工作坊的主題是「重要經驗」，並且向家長們說明重要經驗如何引導教師們觀察孩子，以及安排一個激勵他們學習的空間。還有，在家長與老師會談時，老師們常會以重要經驗為架構，來和家長們分享孩子成長的訊息。跟家長們分享你寫在壁報紙或是投影片上重要經驗的定義。

開場活動

2. 請家長們以四或五人為一組，給每位家長一塊培樂多（或黏土）以及一些吸管。請家長們以十分鐘來做出他們想要的造型。他們可以自己做，也可以和同組裡別的組員一起合作。騰出一張桌子來讓那些願意展示作品的家長們展示他們的作品。

中心概念

3. 在十分鐘後分發「**重要經驗**」的講義，讓一半的家長們負責「創造性表徵」、「語言和讀寫」、「自發性和社會關係」、「動作」和「音樂」的重要經驗項目；讓另一半的家長們負責「分類」、「序列」、「數目」、「空間」和「時間」的重要經驗項目。

4. 請家長們就他們剛剛用培樂多（或黏土），以及吸管創作的經驗和過程，來辨識他們所負責的重要經驗項目。請每一組的家長們選一項重要經驗項目，並且以他們剛剛創作的經驗或過程中的片段，來和全體的家長們分享這項重要經驗如何呈現在剛剛的經驗中。例如，將培樂多或黏土揉成細長條——改變物體的形狀和組合；以培樂多或黏土做成蛋糕，吸管當蠟燭——以黏土或培樂多以及其他的材料來做出造型；將吸管依長短、大小來排列——數

樣物品依序排列。

5. 等家長們都分享完之後，指出這些重要經驗是由直接與人、物、點子或是事件接觸所產生，而不是經由教導而學會的。就如同他們剛剛的黏土／培樂多的創作活動。當孩子有機會用他們自己的想法來使用材料，進行他們想進行的活動時，重要經驗就自然而然地呈現。這些重要經驗也描述了孩子從兩歲半到五歲的社會、情緒、心智和肢體的發展。

應用上的反思和點子

6. 讓家長們傳閱孩子在教室內進行活動的照片。請各組的家長們在這些照片裡找出一些重要經驗項目的活動範例。請他們將焦點放在他們剛才在步驟#4 未注意的重要項目，並且請各組選一個例子與大家分享。

7. 在工作坊結束之前，請家長們討論可以將所學到的重要經驗的資訊，運用在家裡的一些方式。請家長們以下面兩個方式來引導他們在小組中的進行：

   ● 我的孩子已經會照顧他／她自己的需要，例如：……

   ● 我會注意到的下一個自發性和社會關係的重要經驗是……

接續的安排

8. 將孩子的照片依重要經驗的項目分類展示在布告欄上。

9. 將高瞻教學出版的重要經驗海報、高瞻學前教育的重要經驗、學習輪等張貼在布告欄上。

10. 請一位志願的家長到教室來，在孩子們進行自發性行為活動時，幫他們照相。將這些照片也張貼在公告欄上。

11. 將家長們記錄下的軼事張貼在公告欄上。

☀ 這些孩子參與不同重要經驗的照片可以協助家長們了解這些過程對孩子來說
　是非常自然的。在上面的照片裡，孩子使用材料來創造（創造性表澂）；下
　面的照片裡，孩子照顧他們自己的需要（自發性和社會性關係）

高瞻學前教育的重要經驗
（Key Experiences）

創造性表徵（Creative Representation）

- 藉著視覺、聲音、觸感、味道和氣味來辨識物體。
- 模仿動作和聲音。
- 指出與實地及實物關聯的圖畫、相片及模型。
- 假裝和角色扮演。
- 用黏土、積木和其他的材料做模型。
- 線畫及繪畫。

語言和讀寫（Language and Literacy）

- 與別人談論具個人意義的經驗。
- 描述物體、事件及關係。
- 進行有趣的語言活動：聽故事或童詩，以及編故事或童謠。
- 各種形式的書寫：線畫、塗鴉、類似文字的形式、自創的拼字、一般的字型。
- 各種形式的閱讀：閱讀故事書、標誌或符號，以及自己書寫的東西。
- 口述故事。

自發性和社會關係（Initiative and Social Relations）

- 做及表達選擇、計畫和決定。
- 解決在遊戲中所遇到的問題。

（下頁續）

- 照顧自己的需求。
- 用語言表達感受。
- 參與團體的作息。
- 能敏感於他人的感受、興趣,和需求。
- 和其他幼兒及成人建立關係。
- 創造和經驗合作式的遊戲。
- 處理社會性衝突。

動作(Movement)

- 非移動式的身體動作(定點式的移動:彎曲、扭轉、搖晃、甩自己的手臂)。
- 移動式的身體動作(非定點式的移動:跑步、雙腳跳、單腳跳、滑行和跳躍、行走、攀爬)。
- 帶著物體一起作身體移動。
- 在身體動作中表現創意。
- 描述身體動作。
- 跟隨動作指令。
- 感受及表達節拍。
- 隨著熟悉的節拍做一系列動作。

音樂(Music)

- 隨著音樂移動。
- 探索並辨識聲音。
- 探索吟唱的聲音。
- 自創曲調。
- 唱歌。
- 玩簡單的樂器。

(下頁續)

分類（Classification）

- 探索和描述物體的相似處、相異處和屬性。
- 區別和描述形狀。
- 分類和配對。
- 以多種不同方式來使用及描述物體。
- 能同時記得一種以上的屬性。
- 區別「部分」和「全部」。
- 說出某種物體所不具有的特徵，或它不屬於何種類別。

序列（Seriation）

- 比較物體特性（比較長／比較短；比較大／比較小）。
- 將數樣東西以某種順序或方式來加以排列，並描述其間的關係（大／比較大／最大；紅／藍／紅／藍）。
- 經由嘗試錯誤將一組已有順序的物體與其他物體合併（小杯子－小杯蓋／中杯子－中杯蓋／大杯子－大杯蓋）。

數（Number）

- 比較兩組東西的數目，以決定「比較多」、「比較少」、「一樣多」。
- 將兩組物品依一對一對應的方式來加以安排。
- 數數。

空間（Space）

- 填滿和倒空。
- 將物體組合及分開。
- 改變物體的形狀和安排（包裝、扭轉、拉長、堆疊、包圍）。

（下頁續）

（承上頁）

- 從不同的空間角度來觀察人、地和物。
- 在遊玩的空間、建築物及鄰近地方，來經驗和描述位置、方向及距離。
- 用線畫、圖片和相片來說明空間關係。

時間（Time）

- 依信號開始及停止一項動作。
- 體驗及描述動作速度。
- 體驗及比較時間間隔。
- 預期、記住和描述事件的順序。

I.
主動式學習

還有幾天才是……？
和孩子一起預期一些
特別節日的到來

目　標

✓ 檢視幼兒對時間的了解。

✓ 看看有哪些具體的方法可以讓成人支持孩子了解時間概念。

✓ 成人們可以用哪些方法來協助孩子準備迎接即將到來的特別事件
   或是節日。

材　料

◆ 講義：「起始活動計畫表」、「和孩子一起慶祝即將到來的特殊
   節日的秘訣」

◆ 大張壁報紙以及彩色筆或是投影機

◆ 將表 5A 事先寫在一張大張的壁報紙或是投影片上

◆ 影印幾份「和學齡前的孩子一起慶祝」的文章（Susan M. Terdan,
   *Supporting Young Learners 2 : Ideas for Child Care Providers and Tea-
   chers,* 1996, pp. 247-254）

簡　介

1. 向家長們說明，你將比較幼兒在詮釋時間方面與成人不同之處。

之後，你將與家長們一起想想有哪些方法可以用來和孩子一起期待一些特別的節日或是事件的到來。

開場活動

2. 請家長們兩兩成對，分給每組一份「起始活動計畫表」的講義。請家長們依著指示來完成這份講義。

中心概念

3. 幾分鐘之後，請大家一起討論完成剛剛的開場活動的困難。向家長們解釋，剛剛家長們在面對這項活動的感受，與孩子在面對日曆時的感受相似。請家長們想想，當我們要孩子告訴我們幾點鐘或是月曆上的日期時，孩子可能會有的感受。然後，與家長們想想有哪些具體的方式讓一般人不用看月曆或時鐘，也可以感受到一些特別節日或事件的到來。將家長們所提的方法，例如洗澡和換上睡衣、肚子咕嚕咕嚕叫，或是日出和日落等寫在大張的壁報紙（或是投影片上）。提醒家長們，孩子可以經由這些活動或現象的順序或呈現來了解時間的前進，孩子比較不會像成人一樣依賴時鐘或是日曆來了解時間的消逝。

4. 跟家長們分享在表 5A 上關於孩子對時間和特殊事件的了解。就每一個要點舉一兩個實例來讓家長了解，並且請家長們分享他們在家中觀察到的例子。

表 5A －在步驟#4 中使用

對時間了解上的限制

- 幼兒很難預想未來或是回想很久以前發生的事。

- 成人一般所用的時間單位，如星期、月或是年，對孩子們來說意義不大。

- 對孩子們來說，與他們最有關係的事就是他們現在正在做的事。

5. 分發講義：「和孩子一起慶祝即將到來的特殊節日的秘訣」。和家長們一起看講義上所列的要項。

6. 請家長們以三或四人為一組，分給每組一張大張壁報紙和彩色筆。請每組寫下他們家中一般會慶祝的節日，然後，請他們寫下可以幫助孩子了解這些節日到來的一些具體方法。接下來請家長們以講義**「和孩子一起慶祝即將到來的特殊節日的秘訣」**中五個建議要點為基準，再另想一些他們可以幫助孩子預期剛剛提到的那些節日到來的方法。

7. 將各組所列的方法張貼在教室裡，讓家長們互相參考別組的方法，請他們列下有哪些方式是他們想要有更進一步的資訊或說明的。

8. 和家長們一起討論那些他們覺得需要有更進一步資訊的點子，並且請原創組對這些問題來加以回答。

9. 請每個家庭拿一份「和學齡前的孩子一起慶祝」的文章，並且另外準備一些讓那些沒有參加這次工作坊的家長們索取。

10.摘要家長們寫下的點子，並且將其張貼在公告欄上。

起始活動計畫表

　　在下表的空白處列下您為這些即將到來的節日或事件所需要準備的東西。包括您需要到市場去買的東西、哪一天您需要打電話通知或是發出邀請函，以及您需要預約的事情。

モユソリヲキキ						
‼		₵				
					♣	
	⊠		⏀			
⏀				❧		✳

和孩子一起慶祝即將
到來的特殊節日的秘訣

1. 提供一些可實際體驗的機會，引起孩子對即將到來的節日或
事件的好奇。例如，您可以帶孩子到市區或是住家附近走走，
看看節慶的裝飾以及櫥窗的擺設；跟孩子一起看一些過去渡
假的照片；帶孩子一起去採買布置的用品；或是一起為即將
到來的節日計畫菜單。

2. 建立一些家庭傳統也可以幫助孩子預期即將到來的節慶。例
如：在萬聖節到來之前，帶孩子一起去採南瓜或是一起做萬
聖節時要戴的面具；到超市或是一些做糕餅的材料行買一些
可以裝飾生日蛋糕的材料。

3. 用一些具體的方式來幫助孩子對日子做標記直到特殊節日的
到來。比如用這樣的字眼來和孩子說明：「再睡三個晚上的
覺就是你的生日了。」會比跟孩子說：「你的生日是六月七
日。」來得容易了解。另外，如果要讓孩子了解還有五天就
要去探望祖母，您可以吹五個氣球來代表五天，讓孩子每天
刺破一個氣球來倒數特殊日子的到來；或者您也可以擺出五
顆蘋果，用一天吃掉一顆的方式來倒數日子。

4. 小心、仔細地傾聽孩子對即將到來或者是剛剛過去的節日的
了解。如果您的孩子在紙上塗鴉或是寫字，然後告訴您那是
要送給學校老師的情人節卡片，那麼，您就有個可以延伸孩

（下頁續）

（承上頁）

子對這個節日了解的起點了（譯者註：美國的情人節不單指情人，也可含括家人和朋友們。小朋友在情人節當天都會帶卡片或糖果到學校去分贈給老師和同學們）。

⑤. 預期並有所準備，孩子可能在節慶過後仍繼續慶祝該節日。
提供恰當的材料讓孩子可以反芻他們在節慶時的經歷，例如，砍伐和裝飾聖誕樹、提燈籠、畫或貼春聯等。在節慶前後支持孩子對這些活動的興趣，都可以協助孩子對該節日有更進一步的了解。

6　不僅是問：「你今天在學校做了什麼？」

目　標

✓ 將語言的基本要件和孩子會話技巧的發展列入考慮。

✓ 以鼓勵孩子談論他們有興趣或是對他們而言重要的事項來練習對話技巧。

材　料

◆ 壁報紙和彩色筆或是投影機

◆ 事先將表 6A 和 6B 寫在大張的壁報紙或是投影片上

◆ **講義：「成人與孩子的對話：孩子說，成人提供認可和支持」**

簡　介

1. 鼓勵家長們在工作坊開始之前與其他家長們閒聊幾分鐘。

2. 告知家長們，今晚你將和家長們分享一些資訊，讓他們了解為什麼和孩子聊天談話是很重要的。向家長們解釋，你將會和他們一起練習一些談話的技巧，這些技巧可以協助家長們鼓勵孩子談論對他們而言重要的事，並且讓孩子感受到與他們談話的成人們非常重視他們的談話內容。

3. 請家長們回想一下他們剛剛在工作坊開始之前跟其他家長們的談話，或是他們最近與某些成人間的談話，請他們分享在這些談話中的想法和感受。例如：「她似乎對我所說的很感興趣。」「趁著談話的機會，我對他有更多的了解。」「在陪著我的孩子一整天之後，能跟一位成人談談話感覺真好！」

4. 請家長們以三或四位為一組，談談他們在和成人談話時會怎麼做（有意識或無意識的），好讓彼此都有機會談談對他們而言重要的事情。然後請家長們一起談談剛剛在小組裡談到的方法，並且將這些方法寫在大張壁報紙或是投影片上。家長們可能的回答如下：談話時保持視線的接觸、傾聽而不打斷、向對方詢問一些你所了解在對方生活中發生的事。

中心概念

5. 向家長們解釋，雖然成人們常常藉由剛剛討論的一些方式來分享談話的掌控權，但是當成人跟孩子談話時，在談話當中常常給與孩子很少的選擇。例如，我們常常問一些只有特定答案的問題，或是與他們的談話常常跟他們正在做的事不太相關。向家長們解釋，接下來的活動會將焦點放在三種把大部分掌控權集中在成人身上，或是表達他們感興趣話題的談話方式。

6. 請全體家長們一起來討論表 6A「談話時的對策」中所列的一些方法。在討論每一個對策之前，先複習一下它的定義，然後請一位志願的家長來當你談話的對象（建議談話用的劇本如下頁所示）。最後，請家長們自己找練習的談話對象，用他們自己的例子來練習談話的對策。用這三個步驟來進行每一個談話的對策。

建議練習談話用的劇本如
下：

◆ **對策一：要求性的重複**。請
和你對話的家長告知另一位
家長一些事情，如：「喬，
告訴保羅你覺得他的襯衫很
好看。」「勞斯，謝謝克麗
斯騰出一些空間讓你也可以
坐在同一桌。」

◆ **對策二：只有一種正確答案
的問題**。向與你對話的家長
提出一系列只有一種答案的
問題，在問題與問題間做短
暫的等待：「安瑪麗，妳有
幾個孩子？他們幾歲？他們
的生日是什麼時候？」

◆ **對策三：可有多種答案的問
題**。向與你對話的家長提出
可以用許多不同方式回答的

問題。在對方回答之後，提出另一個問題，例如：「湘娜，特瑞
兒跟班上的同學說妳養了一隻小狗。妳的家人喜歡牠嗎？妳要怎
麼訓練牠呢？」

◆ **對策四：貢獻和接受**。在對方描述他／她的觀察或是說了一段話
之後，以一個字、詞，一小段話或是身體語言來讓對方知道你很
注意地傾聽他／她的談話。例如：主持會議者說：「謝謝你撥空
來參加今晚的集會。」與會者說：「我們的晚餐吃得很快，才趕
得及來參加的呢！」主持會議者說：「要把所有的事都趕著做完

表6A－在步驟#6中使用
談話時的對策
● 對策一：要求性的重複——告訴對方說些什麼。
● 對策二：只有一種正確答案的問題——問只有一種答案的問題。
● 對策三：可有多種答案的問題——問可以有許多不同答案的問題（針對您所選的主題），一個問題接著另一個問題。
● 對策四：貢獻和接受——以一個字、詞、一小段話或是一個注意傾聽的身體語言，來回應對方的觀察和陳述，讓對方了解您在注意傾聽。

真不容易啊！」

7. 在此段的結尾，請家長們分享在剛剛的對話練習裡所給與他們的感受。可能有的答案包括：「我覺得好像是長輩在對我說話。」「對方並沒有給我說話的機會。」「好像被長官詢問一樣，一下子被問了那麼多的問題。」「他真的有注意聽我說的耶！」針對每一個對話的對策，請家長們舉出一兩個成人常用來和孩子對話的例子。例如，「啊！好漂亮的生日禮物，快說『謝謝』！」「你幾歲啊？」「今天上學好玩嗎？」針對這些例子來討論，哪些是會限制或鼓勵成人與孩子間的對話。例如，有時雖然成人問孩子的問題可以讓孩子以不同的方式來回答，但是談話的主題常是成人有興趣想多知道的，而不是孩子選的主題。

應用上的反思和點子

8. 全體一起來討論一下表 6B 中一些關於語言的基本原則，將這些原則與步驟#7 中家長們所提到的要點做連結。

☀談論孩子覺得重要的主題會鼓勵孩子表達他們的想法和感受

9. 幫助家長們更進一步了解一方發表意見、另一方給與認可的談話技巧；分發講義：「成人與孩子的對話：孩子說，成人提供認可和支持」。請家長們以三或四人組成小組，依著講義上的指示來進行活動。然後再請各組的家長們回到大團體中來。舉出一些不錯的例子，請家長們注意在對孩子提出認可之後，要留給孩子足夠的時間，好讓他們如果想繼續回應時可以有機會。

接續的安排

10. 請家長們在下次聚會之前練習對孩子和其他成人說的話加以認可和支持。請他們在下次聚會時準備分享運用這些技巧對談話所產生的影響。

11. 做一張「孩子的對話主題」的海報張貼在布告欄上。可把家長們在步驟#9 中所討論的一些相關主題加進來。

表 6B － 在步驟#8 中使用

語言的基本原則

- 語言幫助我們建立、維持和別人的關係。
- 孩子們需要溝通、了解，以及被別人了解。
- 隨著孩子們的成長以及與環境間主動地互動，他們的語言也會跟著成長和豐富。
- 經由自然對話裡的「施與受」，孩子的語言逐漸地複雜化，這些並不是由直接的教導或是背誦練習中可以學會的。
- 當那些對孩子們而言重要的人傾聽他們說話，並且在他們嘗試描述想法和經驗時做出慎重的回應，這些都是孩子們學習語言技巧的機會。

成人與孩子的對話：
孩子說，成人提供認可和支持

孩子的言談——孩子主動描述他們所觀察到的事情或是述說一件事情。

成人所提供的認可與支持——您所回應的一個字或詞、一小段話，或是一個身體語言，都可以讓孩子知道您在注意聽他們說話。

1.列出三到四個孩子跟您或是其他家人或朋友聊過的主題，將這些主題寫在下面的空間裡。例如：

早上留在草地上的露水

當你在高速公路上行駛時，超過你車子的卡車

2.在每個主題下寫出至少三句孩子說過的話。例如：

「這個草地很濕耶！」

「我長大以後也要當卡車司機。」

3.對孩子說的每句話，想一想您可以做出何種認可和支持的回應，好讓孩子願意繼續談話，並且覺得他們擁有談話的主控權。例如：

「真的很濕耶！怎麼會這樣呢？」

「你也想開一輛那樣的卡車嗎？」

Ⅱ.
日常作息

高瞻學前教學的日常作息以及其如何鼓勵和培養孩子做決定的能力

目　標

✓ 和家長們分享，高瞻教學的日常作息如何支持和培養孩子做決定的能力，及追尋自己興趣的熱情。

✓ 向家長們說明讓孩子依著他們本身的興趣選擇和進行活動的教育意義和價值。

材　料

◆ 自黏式名牌

◆ 奇異筆

◆ 表 7A（預先寫在大張的壁報紙或是投影片上）

◆ 講義：「我們的日常作息表以及維持固定作息的理由」

◆ 壁報紙以及膠帶

簡　介

1. 歡迎家長們的參與，並向家長們說明高瞻教學如何運用固定的日常作息，支持和鼓勵孩子依著他們的興趣，來進行和選擇他們在學校裡的活動。

II.

日常作息

069

2. 向家長們說明今晚的工作坊將以「獵物」活動來開場。給家長們五分鐘，請他們到孩子的教室裡找一樣他們覺得特別有趣的物品，然後把這樣東西帶回到工作坊的現場。

3. 請家長們跟大家分享他們選擇該物品的原因，簡略地談一下家長所選的物品，並且向他們說明——讓孩子自由地選擇和使用材料，是高瞻課程的中心理念。

中心概念

4. 展示表 7A「依著自己的興趣來選擇和進行活動的益處」，並且討論讓孩子選擇進行他們有興趣的活動，對日常作息以及孩子成長的重要性。

5. 分發講義：「**我們的日常作息表以及維持固定作息的理由**」。用講義當藍圖來向家長們解釋你班上的作息。如果你覺得有必要，也可在作息表上填上時間。以確切的例子來向家長們解釋在每一段作息時間內，一些可用來鼓勵孩子做選擇以及發展他們個人興趣的方式，例如在大團體中，孩子如何自創句子來組成一首歌；或是展示孩子在小組的作品，並且請家長們注意孩子如何以不同的方式來運用一些類似的材料。

6. 鼓勵家長們談談他們的想法以及提出問題。

7. 將家長們分組，並且提供每組一張大張的壁報紙以及一支彩色筆。請家長們討論一下有哪些事物是他們的孩子在家中感興趣的，並且將這事物記錄在壁報紙上。例如：有一組的壁報紙上列著：用彩色筆和蠟筆在紙上畫畫；在客廳的沙發椅上玩小汽車；將一大塊布遮在飯桌上當帳棚，並且躲在裡面看書。

> **表 7A－在步驟#4 中使用**
>
> 依著自己的興趣來選擇和進行活動的益處
>
> - 發展做選擇的技巧
> - 建構自信以及發展主動性
> - 鼓勵和成人與同伴間的社會性互動
> - 增進注意力的維持和集中
> - 建構個人的長處
> - 產生成就感

8. 將各組的壁報紙貼在牆上，並且指出你的教室裡有哪些類似的材料，或是你將會增加哪些材料好讓孩子能繼續建構他們的興趣。例如，你也許說：「在美勞區裡我們有紙和彩色筆。我們可以在積木區或是圖書區裡放塊布來讓孩子搭帳棚。」

9. 感謝家長們的參與。向他們預告在下一次工作坊「維持固定作息的重要性」裡，將會強調在孩子日常的活動中提供一致性的益處。

10.在開場活動結束之後，請家長們將物品歸位，並且請家長們看一下他們所列的項目，有哪些可以讓孩子在教室內找到類似的物品來支持他們建構興趣。

接續的安排

11.再看一次剛才所列出的孩子在家中的活動。寫下有哪些活動、材料或戶外教學，是學校可以考慮提供來支持和延展孩子在家中的

興趣，並且把即將到來的戶外教學活動公告在布告欄上讓家長們
了解。

12.在學校裡供家長們借閱書籍的圖書館裡，放一份高瞻教學課程
「日常作息」的錄影帶供家長們借閱。

☀孩子自己選的活動可以抓住他們全部的
注意力

我們的日常作息表
以及維持固定作息的理由

日常作息表

計畫—工作—回想。 孩子說出或表達他們的想法或是計畫，接著去著手執行他們的想法。當他們遇到困難時，試著去解決他們的問題，並且和老師及同伴們一起回顧剛剛在工作時間裡所進行的活動。

點心時間。 孩子和成人們一起分享營養的食物及有意義的談話。

大團體時間。 孩子和成人們一起建立團體感，並且藉著歌唱、律動、說故事和重演一些重要事件，來嘗試一些新的想法和點子。

小組活動。 成人向孩子介紹在小組時間裡要進行的活動，以及一些相關的材料。孩子可以用他們覺得有意義的方式來使用這些材料，成人可以在一旁觀察，也可以參與孩子的活動，並且支持孩子的發現。

戶外活動。 孩子可以選擇參與大聲吵鬧的肢體活動或是安靜的思考活動。成人和孩子可以一起探索戶外的自然環境，觀察自然界的一切現象或是景觀，談論觀察到的事物或是發明一些新遊戲來玩。

維持固定作息的理由

每日固定的作息可以幫助孩子——

● 發展和追尋他們的興趣

（下頁續）

（承上頁）

- 有足夠的時間養成習慣
- 和他人一起分享他們學習的掌控權
- 從照顧他們的成人那兒接受支持
- 在一個可預期的作息裡經歷彈性化的變動

8 維持固定作息的重要性

目　標

✓ 協助家長們了解，維持一個固定的作息可以讓他們每天的生活容易一些。

✓ 提供家長們一些可以實際在家中建立固定作息的方法。

材　料

◆ 鉛筆和原子筆

◆ 講義：「**建立具有支持性日常作息的秘訣**」

◆ 讓每位參與工作坊的家長們都有張 A4 大小的紙

簡　介

1. 向家長們說明今晚工作坊的焦點將著重於日常作息對他們的家庭和孩子所造成的影響。

開場活動

2. 向家長們說明，這個活動會幫助他們了解一個可以預期的日常作息對每日生活的重要性。給與每位與會人員一張紙，請他們將紙

分成六份。等他們做完之後，請他們將早上起床後馬上會做的六件事分別寫在這六張紙片上，然後按先後順序將這些紙片排在桌子上。徵求志願者唸出他們的早晨作息跟大家分享。然後，請家長們將紙片混在一起，隨意排出另一個新的順序，請志願的家長們唸出他們排出來的新的作息順序來跟大家分享。

中心概念

3. 用剛剛作過的開場活動來讓家長們了解，任何日常作息上的變動都會造成一些不舒適或是混亂，例如，穿好上班或是上學的衣服再去沖澡是行不通的（譯者註：有些美國人習慣早上起床後沖個澡再換裝，你可想成化好妝再去洗臉是行不通的）。向家長們指出，一個固定順序的作息可以幫助家長們覺得安心且自然地開始和進行一天的活動，而不用去想或是煩惱接下來要作什麼或是覺得怪怪的，好像有什麼不對勁似的。請家長們以三人為一組，彼此分享一些他們的孩子因為作息改變而造成不愉快的情況，例如：睡前沒唸睡前故事，或是因為媽媽臨時有事請褓姆來學校代接。向家長們指出，孩子像家長們一樣，也需要固定的生活作息來讓他們覺得安心。

4. 分發講義：「**建立具有支持性日常作息的秘訣**」。大家一起來看一下講義上的要項，並且討論一些例子。留一些時間讓家長們發問和分享他們的想法。

5. 請家長們在小組裡分享一個他們曾使用過的講義裡的方法。請大家回到團體中並且分享一些成功的例子。

應用上的反思和點子

6. 請家長們計畫一下他們將如何在家中運用這些要訣。

7. 請家長們以談話或是留紙條的方式來和你分享他們在家中嘗試支持固定作息的一些成功例子。你可以將這些成功的例子張貼在公告欄上。

建立具有支持性日常作息的秘訣

1. **建立一個時間表並且遵守這個時間表。** 這個時間表要適合大人和小孩一起來使用，並且是個不需要太多提醒就能夠使用的時間表。用圖表或是照片按照時間表的順序來排列，會是個非常實用且可以幫助孩子遵守作息表的方法，例如：您的寶寶晚上上床前要做的事包括：洗澡、刷牙、睡前故事以及熄燈。把一張長紙條分成四部分，將這些作息活動按著進行的順序做成圖表，由左而右，在每一個部分貼上您的寶寶正在進行該活動的照片、圖片或者是實物（例如一把牙刷，或是一本書）。您的寶寶可以用曬衣夾或是迴紋針來提醒他們正在進行哪個活動，例如，洗完澡之後，孩子可以把曬衣夾或是迴紋針移到刷牙的圖片來提醒他們現在該進行哪個活動了！

2. **當日常作息有所變動時，用孩子可以了解的方式來向他們說明。** 如果必要，您也可以用一些道具來幫忙，例如，在孩子不需要上學的日子裡，您可以用磁鐵在冰箱上張貼一張房子或是保姆的圖片（來代表待在家裡）。在那些孩子要上學的日子裡，就將學校的照片張貼在冰箱上（如果孩子搭校車，您也可將校車的圖片張貼在冰箱上）。

3. **在孩子的日常作息裡提供一些可以增加孩子生活經驗和挑戰性的材料。** 例如，提供一些玩具，像是海綿、會浮／沉的材

（下頁續）

料，以及塑膠容器，讓孩子在洗澡時可玩。

4. **盡可能讓孩子在日常作息中有選擇的機會，並且尊重他們的選擇。**例如，如果孩子在洗澡的時候舀杯洗澡「茶」給您，您可以假裝喝茶；或是在唸睡前故事時讓孩子選他們要聽的故事書；給孩子足夠的時間來問問題或是談他們的想法。

5. **以平靜和堅持的方式來面對一些日常作息的挑戰；重述孩子的話，讓他們了解您聽到他們所說的。**如果孩子說：「今晚我不要刷牙！」您可以如此重述他們說的話：「你希望今晚你可以不要刷牙。」如果這還不夠，提供一個做這項作息活動的理由：「刷牙很重要，因為它可以保護牙齒健康。」最後的絕招是，一方面對孩子的情緒加以認知，同時對該進行的日常作息有所堅持：「我知道你很生氣，不想刷牙，可是我真的要保持你牙齒的乾淨和健康。」

9 活動轉換：順順利利或是每天爭戰

目 標

✓ 了解活動轉換對成人和孩子所造成的影響。

✓ 提供一些可以幫助這個過程容易一點的點子。

✓ 將這些點子應用到實際的生活狀況裡。

材 料

◆ 壁報紙和彩色筆或是投影機

◆ 講義：「如果事情發生在您身上，您要怎麼辦？」

　　　　「每日的活動轉換」

　　　　「銜接活動的要訣」

　　　　「哪項要訣適用於這個情況？」

簡 介

1. 向家長們說明，今晚的討論焦點將集中於孩子在家中從一個活動轉換到另一個活動的經驗——重點將著重於如何使活動轉換的過程更順利。

2. 分發講義:「**如果事情發生在您身上,您要怎麼辦?**」請家長以兩人爲一組來討論一下,如果講義中的狀況發生在他們身上,他們可能會有的感受以及可能會採取的行動。

3. 請家長回到大團體來,並且將家長們的回應寫在壁報紙上。討論一下一般人對於突然間變動活動或是地點時會有的反應;將討論的焦點集中於一些當事人無法掌控或預期的活動/地點的變動。

中心概念

4. 告知家長們,在接下來的單元裡,你將著重於孩子在日常家居生活中所經歷的經常性的活動轉換,以及孩子對於從一個活動轉換到下一個活動、一個地點轉換到下一個地點,或是一個大人換到另一個大人時可能有的不同反應。分發講義「**每日的活動轉換**」來協助家長們的討論。大家一起討論在講義第一部分的活動轉換。請家長們以他們的孩子爲例,說明孩子從早晨起床到吃早餐這段時間裡常有的行爲,然後討論一下在這些行爲背後可能存在的需求和感受。請家長們回想他們剛剛在開場活動裡有的反應,以及孩子在經歷這個時段的活動轉換時可能有的感受(困惑、緊張、生氣、抗拒、順從、興奮)。

5. 請家長們以三或四人爲一組,來完成這份講義的其他部分。

6. 讓家長們了解,雖然活動的轉換對於成人或孩子而言都不是件容易的事,然而對於孩子的感受有所認知與了解,會讓這些活動的過程稍微平順一些。分發講義「**銜接活動的要訣**」,請各組的家長們回到大團體中,大家一起來看一下這份講義的建議,並且鼓勵家長們問問題或是談談他們對於這些建議的想法。

應用上的反思和點子

7. 請家長們回到剛剛的小組裡，並且分發講義「哪項要訣適用於這個情況？」請各組的家長們看一下「**銜接活動的要訣**」這份講義中，哪一個要項比較適用於「**哪項要訣適用於這個情況？**」的講義中哪一個情況。

8. 請各組簡要地跟大家分享一下他們的答案。

9. 在工作坊結束之前，請家長們各找另一位家長來完成下面的句子：今晚我所學到的……，我可以在家裡應用這項技巧，來幫助我的孩子經歷日常作息活動的轉換。

接續的安排

10. 請家長將他們在家居生活中活動轉換的成功例子寫下來。將這些成功的例子貼在公告欄上。

☀當孩子挑戰一項日常作息時，建議你以平靜的心情和堅持的態度來面對。了解及認知孩子的情緒，並且給他們一個解釋的理由：「我知道你玩得很高興，還想繼續玩，不想停下來，可是已經放學了，現在到了該回家的時間了。」

如果事情發生在您身上，您要怎麼辦？

狀況一

　　兩星期前您從花市買了一些要種在花園裡的花苗，好不容易終於等到一個晴朗的星期六。您正忙碌且高興地在院子裡挖土，突然老公從窗戶探頭出來說：「嘿！妳還在幹嘛？我們二十分鐘前就該到老媽家去吃飯了！」您突然想到，您完全把吃飯這件事給忘了，可是您也想把花給種完。

狀況二

　　假想您是一個五歲大的孩子，您一直都擁有自己的臥室。在過去的這幾個星期裡，爸媽忙碌地為小寶寶做準備，也沒有問一聲就搬了一些家具到您的房間裡，連牆也重漆過了！

每日的活動轉換

　　以下是一些有學齡前幼兒的家庭中常見的一些活動轉換時間。跟您小組裡的成員一起討論一下您的孩子在這些時段裡的行為，並且將討論的內容記錄下來。接下來，寫下這些行為可能代表孩子在那個時段裡的需求和感受。如果這份講義上所列的轉換活動並不合乎您家中的情況，您可以將家中的轉換活動寫在「其他」欄內。

從起床到吃早餐

🍀 行為：

🍀 感受／需求：

從坐車（或是走路、搭校車／巴士／腳踏車）到抵達學校

🍀 行為：

（下頁續）

（承上頁）

🍀 感受／需求：

從晚間的遊戲時間到上床睡覺

🍀 行為：

🍀 感受／需求：

其他

🍀 行為：

🍀 感受／需求：

銜接活動的要訣

1. **為孩子維持一個固定的日常作息。**這樣的作息可以讓您和孩子都比較安心,不必把時間花在遊蕩或是擔心接下來要做什麼。

2. **對活動轉換的次數加以限制。**對孩子而言,從一個活動銜接到另一個活動、一個地點轉換到另一個地點,或是從一位照顧者轉交到另一位照顧者之間的變動,次數越少越好。

3. **對活動的銜接加以計畫。**如此孩子可以在成人的支持之下,追求他們的興趣、做選擇以及主動參與在這個過程之中。

4. **以孩子現有的發展能力做考量,對孩子的期望要和他們的能力相當。**如果可以,用一些視覺暗示(譯者註:一些與前一個活動及下一個活動相關的圖片、照片或是實物都可以用來當視覺暗示),來幫助孩子了解活動銜接的過程。

5. **當孩子在日常作息中出現一些狀況時,試著保持平靜的心來因應狀況,並做應變的處理。**提醒自己不要去責罵孩子或是讓孩子對自己的行為感到羞愧。

6. **注意孩子的行為,尤其是有些孩子的行為是在提醒您他們的日常作息可能需要一些改變。**您可以常常做這樣的觀察而無需改變您的目標。

哪項要訣適用於這個情況？

　　閱讀下列的狀況，然後各組討論哪項「銜接活動的要訣」最適用於哪一個情況之中，將該項要訣的標號寫在空格中。請各組解釋為什麼他們覺得該項要訣可以改善某一狀況，以及可以如何改。

A. _____您在超市購物完正排隊等著結帳。隊伍排得很長，您拿了份櫃台前的雜誌準備打發時間，可是您注意到您的女兒開始動來動去，不安穩且又肚子餓了。您跟女兒說，她可以一邊等一邊吃餅乾。

B. _____每天晚上睡覺前您都維持著一定的作息，女兒先洗澡、吃點點心、刷牙、選本故事書一起看，然後才上床睡覺。有天晚上，女兒正在刷牙時，電話響了，您跑去接電話，等兩分鐘後接完電話回來，女兒幾乎把整盒的牙線都拉了出來，拉出的牙線纏在一起，掉到浴室的地板上。

C. _____您的孩子每天放學回家，您都維持著一定的作息。首先，您和孩子一起唸一本書，接著孩子自己玩，您則去準備晚餐。一起吃完晚餐，再玩一會兒之後，孩子開始準備上床睡覺。

D. _____平常上床之前您都會唸本故事書給兩個孩子聽。最

（下頁續）

（承上頁）

近，您的小兒子常常打斷您的故事，要到隔壁的房間去玩火車。等您唸完故事給大女兒聽之後，他就回到臥室來準備睡覺了。

E. _____您的小女兒剛剛開始上學，每天早上她一睜開眼就問：「今天要上學嗎？」您決定照張學校和家裡的照片。每晚，您將她隔一天要去的地方的照片放在她的床前。

F. _____您幫兒子報名去學足球、鋼琴和社區的遊戲時間。每星期有兩次的足球練習，其他的活動一個星期上一次課。您注意到兒子抱怨他很累、肚子痛，可是醫生卻檢查不出他有什麼毛病。

▶▶ 家長工作坊的精要資源：理想的教學點子 IV. Copyright © 2000 High/Scope® Educational Research Foundation. 本出版社保留所有權益。本出版社允許本書的擁有者在舉行家長工作坊時影印此頁。「High/Scope」的名字以及商標都屬於高瞻出版社所有。

10 打掃、購物、洗衣、整修家裡、烹煮,和陪孩子一起玩?

✓ 檢視一些家長們可以兼顧家務,又能夠分出一些時間來和孩子做有品質互動的方法。

✓ 協助家長們發現他們的孩子在幫忙家務中學到什麼。

材 料

◆ 壁報紙和彩色筆

◆ 講義:「從協助家務中支持孩子的興趣」

　　　　「家事表」

　　　　「高瞻學前教育的重要經驗」(參看工作坊 4 的講義)

◆ 道具箱:收集一些適合孩子使用來幫忙做家務的材料。清潔用品可以包括裝水的噴槍、雞毛撢子、小的手提吸塵器、畚箕和小掃帚。一個關於烹飪用品的盒子可以包括量匙、幾個塑膠碗、撖麵棍、派盤、打蛋器、切蛋糕的塑膠刀,以及一些用品(如:黏土或是培樂多),孩子可以用這些用具來模仿大人。

1. 向家長們詢問，有多少人覺得家中其他的事情可能讓他們無法參加今晚的工作坊（如果有些家長們沒有舉手，向他們請教可以把事情做完的秘訣）。向家長們表示，你了解他們除了教養孩子之外，在家中還有許多其他的責任。告訴家長們，你希望今晚的討論可以提供他們一些方法，讓他們在兼顧家務之外，也可以分出一些時間來和孩子做有品質的相處和互動。

開場活動

2. 請家長們以三到四人為一組，分給每一組一張壁報紙和幾支彩色筆。請家長們列出他們在家中光就維持一個家庭運轉所擔的責任（請他們排除在外面所擔任的工作責任，以及一些與養育孩子直接有關的責任，例如：幫小孩洗澡、開車載小孩上學，或是去學東西、照顧生病的孩子等）。五分鐘之後，請他們將所列出的項目貼在牆上。

中心概念

3. 請大家回到大團體中一起來看看各組所列的項目。這些項目可能會包括種花、洗碗、打掃家裡、修補家中的硬體設備。讓家長們了解你知道這些事情會占據不少他們的時間，讓他們覺得不知道到哪裡去找時間來和孩子互動。向家長說明，你想利用這個機會來和他們分享一些點子，讓他們可以平衡這些家務責任，又可以把孩子包括在這些家務責任之中。

4. 分發講義「**從協助家務中支持孩子的興趣**」。請家長們分成五個小組，每一組負責討論講義上的一個對策。然後，請每一組跟全體說明他們所負責的項目，以及該對策可以為成人及孩子所帶來

的益處。

5. 向家長們說明,接下來的活動會幫助家長們選擇一些方法,包括孩子主動參與做家事。分發講義:「**家事表**」,請家長們以三到四人為一組來完成這項活動。

☀ 家長們在做家事的同時,也可以提供一些空間和材料讓孩子在一旁玩

6. 請家長們跟大家分享一些他們想到的其他方法。

應用上的反思和點子

7. 分發重要經驗的講義。從道具箱中拿出一些物品,請家長們提供一些孩子可以在他們做類似家務時使用這些物品的方法。然後,請家長們找一下,有哪些重要經驗是孩子可以在這些活動中經歷的。

8. 請家長們繼續用他們所分到的道具箱來進行活動#7。

9. 請家長們跟全體來分享他們剛剛所討論的點子。

10.將道具箱列入家長們可以從圖書館借出的項目中，好讓家長們可以試著在家中使用這些項目來和孩子互動。請家長們在使用後給與回饋或建議。

11.將家長們在「**家事表**」活動中的點子公布在公告欄上。鼓勵家長們繼續提供一些他們在家中觀察到的點子。

從協助家務中支持孩子的興趣

1. 從孩子的行為讀取線索。當您在做家事時，孩子會因為他們的興趣和喜好，而對不同的家務有不同的反應。有些孩子喜歡參與做家事，有些孩子則喜歡自己玩。如果您剛剛下班回來，您的孩子可能會想在您開始做飯或是洗衣服前，得到幾分鐘您完全的注意。注意一下孩子在這些時段裡所說的話，用這些訊息來幫助您建立一個適合您和孩子的作息。

2. 在尋找方法來將孩子融入做家事的同時，試著依孩子的長處和興趣來作計畫。幼兒喜歡模仿大人做事，因此他們常對參與做家事感到興趣。跟大人一樣，孩子也會有比較喜歡參與的家事；有些孩子喜歡把床單從床上拿下來丟到洗衣機去洗，有些孩子則喜歡在院子裡挖土，幫忙拔草和種花。注意一下孩子喜歡做的家事；當您在做家事時，試著計畫讓孩子可以一起幫忙做那些他們喜歡做的家事。

3. 預期孩子的幫忙和參與可能會為您增加一些額外的工作。記得提醒自己，在做家事上，包括打掃、烹煮、洗衣等，您有很多練習的機會，孩子也需要類似的練習才能有與您類似的技巧。雖然短時間裡可能會因為孩子的參與家務而造成一些不方便，但就長遠來看，孩子的成就感，以及他們與您之間的互動不是更為重要嗎？

（下頁續）

（承上頁）

4. 當您讓孩子參與家務時，試著想想那些主動學習的要素：材料、操作、選擇、孩子的語言表達以及成人的支持。試著用這些要素來幫助您判斷，您所提供的材料以及您在與孩子一起工作時的談話是不是具品質、是不是有意義？例如，在您準備晚餐的同時，您可以為女兒準備一張椅子，好讓她可以在流理台上工作，然後給她一碗水和一個攪拌器，讓她可以模仿您準備晚餐。

5. 盡可能地讓孩子參與家務，在做家務的同時，也盡可能地維持一個固定的流程或作息。一個固定的流程或作息，可以幫助孩子了解和預期接下來要發生或是進行的事。有些家庭固定在一星期中的某一天去洗衣店，或是在澆花時有著某個固定的順序。

家事表

　　下表列出的是在一般家庭中常見的家務。依著您的孩子的能力和喜好，圈選出一些孩子可以和您一起做的家務。如果下表中所列的並不合乎您家中的情況，您也可以自創一些項目，或是依著您的經驗增列一些家務。跟您的小組成員討論一下您所圈選的項目。

園藝

挖土
把花苗或是花球種入土中
澆花
採收成熟的蕃茄
拔草
其他：

購物

把瓶瓶罐罐放到回收筒裡
幫你拿購物單以及幫忙找購物
　　單上的東西
幫你從架子上把東西拿下來放
　　在購物車上
幫你推購物車
算帳時把購物車上的東西拿到
　　櫃台上
其他：

（下頁續）

（承上頁）

♧ 烹飪

擦流理台
把蛋打入碗內
把拌好的麵糊舀入烤盤內
撕生菜葉後放入沙拉盤內
幫忙擺餐具
其他：

♧ 洗衣

把家裡的髒毛巾和床單收集在
　一起
把髒衣服放到裝髒衣服的籃子
把髒衣服和洗衣精放入洗衣機
把洗好的衣服放進烘衣機
把錢投入洗衣機或是烘衣機
（譯者註：有些美國人家庭裡沒有
　洗衣機和烘乾機，他們到社區裡
　的洗衣房去用投幣式的洗衣機和
　烘乾機。）
其他：

如果孩子星期六想在家中作計畫，你也不必覺得驚訝

目 標

✓ 協助家長們了解孩子有能力，也會想要表達他們想做一些事情的意願和想法。

✓ 向家長們建議一些他們可以在家中鼓勵和支持孩子意願的方式。

材 料

◆ 表 11A（事先將此表寫在一張大張的壁報紙或是投影片上）

◆ 一些壁報紙或是投影片和彩色筆

◆ 講義：「允許孩子在家中作計畫」
　　　　「我的孩子作計畫的習慣」

簡 介

1. 向家長們說明在今晚的工作坊中，你將談談孩子以「作計畫」的方式來表達他們的想法和意願，以及其重要性。並且讓家長們知道，你也將和他們討論一些可行的方法，可用來鼓勵和支持孩子有能力和自信來表達及執行他們的想法。

2. 請家長們想像一下，如果他們有一天可以隨心所欲地做他們想做的事，他們想做些什麼？請家長以二到三人為一組，彼此談談心中想做的事。如果真有這樣的機會，請他們列下一些事先需要準備好的材料，好讓他們可以在這樣的機會裡成功地實行他們的想法。

中心概念

3. 幾分鐘之後，請各組回到大團體中。向家長們展示表11A，並且討論表上的各項要點，以及將此表與#2的活動作連結。

4. 接下來，請家長假想現在就是那個他們可以隨心所欲做想做的事的那天早晨，他們正要著手做他們想做的事時，他們的主管打電話來交代了十項該天需要完成的事。將家長們的反應寫在壁報紙上。他們可能會說：「這天可能不會太好玩了！」「我會很不高興！」「我必須要完成主管交代的事，因為那是我的工作。」「我所有的計畫都白做了！」「我可能再也不會有這樣的機會可以隨心所欲地做我想要做的事了！」

5. 請家長們以三到四人為一組，給每一組一張壁報紙和一支彩色筆。請家長們討論及寫下他們的孩子在放學回家的路上，所說的一些想做的事，或是對當晚或該週末活動所做的建議。

應用上的反思和點子

6. 將各組所寫的壁報紙張貼在工作坊的現場，請家長們看看各組寫在壁報紙上的項目，可以看出孩子也有不少他們想做的事。另一方面，我們也常見到成人對孩子有這麼多的意見覺得不是很舒服，例如，如果某位家長的女兒對他說，等她看完那本書大家再

一起去買菜，該家長可能會有點擔心他對家中的狀況失去了掌控。

7. 向家長們說明，你希望藉著向他們介紹一些方法，讓他們可以在家中嘗試著用來支持和鼓勵孩子的意願和想法。分發講義「**允許孩子在家中作計畫**」，請家長們回到他們的小組中，照著講義上的說明進行活動。

8. 請各組回到大團體中跟大家分享該組的結論。

接續的安排

9. 分發講義：「**我的孩子作計畫的習慣**」。請家長們把講義帶回家，並且在接下來的兩星期中，觀察和記錄孩子在家中作計畫的行為。兩星期後，把家長們的觀察張貼在公告欄上跟大家分享。

表 11A－在步驟#3 中使用

計畫的重要性

- 幫助作計畫的人了解他們是具有能力、可以讓事情實現的個體。
- 幫助作計畫的個體提升自信和掌控感。
- 引導作計畫的個體更專注與投入於工作或是玩耍中。
- 允許作計畫的個體擔負一些更適合他們興趣及能力的挑戰。
- 協助作計畫的個體學著去計畫更複雜的事情。

允許孩子在家中作計畫

　　閱讀下列的支持性策略，然後選出一或多項可以用在下列的狀況中支持您的孩子。將您組中成員的反應寫在各狀況下的空白處，如果需要，您也可自創一些狀況。

鼓勵孩子的意願和想法的支持性策略

1. 以輕鬆愉快的心情，珍惜這些您可以發現孩子對事情的想法的機會。

2. 在家務比較不忙的時段裡，撥出一些時間讓您的孩子可以照他們的想法作計畫。

3. 問問您的孩子的計畫，並且注意傾聽他們的計畫。當您在聽他們的計畫時，不光是注意他們說的話，同時也注意他們的手勢和一些非語言訊息。

4. 當您的孩子的計畫變得比較複雜時，提供一些材料、對話和經驗來支持孩子的努力。

5. 試著不要在不小心的情況下把您的想法加在孩子身上，例如說：「喔！你昨天做過那個了，你要不要試……？」或「你從來沒有問你妹妹要不要和你一起玩，她真的很想要和你一起玩。你今天要不要跟她一起玩啊？」

狀況一

A. _____星期六早上，您的孩子七點就來把您叫醒，然後說：「今天我要你唸這個故事給我聽，然後給我蠟筆和紙，我要

（下頁續）

（承上頁）

把我最喜歡的部分畫出來。」

B. _____您決定要在家中試試下面計畫的點子：每天晚餐前
以及星期六早上買菜和洗衣服前的三十分鐘，您讓兒子決定
他在這三十分鐘裡要做些什麼活動。在試了兩個星期之後，
您已準備要放棄了，因為每次您問兒子他要做什麼，他總是
給個非常模糊的答案，像是「堆積木」或是他開始學狗叫，
以及在房子裡跑來跑去。

C. _____您的女兒喜歡塗塗畫畫，在家裡她幾乎總是選這項
活動。您很想要支持她的想法，可是另一方面也覺得採買這
些她所用的材料似乎有點貴。

II.
日常作息

我的孩子作計畫的習慣

我的孩子呈現的想法和點子：

我的孩子用來呈現他的想法或是點子的方法（手勢、動作、語言等）：

我的孩子常重複的活動、點子或是想法：

經過時間的演進，我的孩子所做的不同的計畫：

12 在家中的閱讀活動

目　標

✓ 讓家長們練習評閱童書。

✓ 和家長們分享可以和孩子一起閱讀童書和其他印刷品的方式。

✓ 協助家長們了解在家中閱讀的重要性。

材　料

◆ 蒐集一些現代或是傳統的童話故事書

◆ 講義：「選童書的原則」

　　　　「在家中進行閱讀活動的要訣」

◆ 表 12A（事先寫在大張的壁報紙或是投影片上）

簡　介

1. 向家長們說明這個工作坊的重點將著重於討論童書、為幼兒提供各式各樣閱讀材料的價值，以及家長們可以將閱讀活動變成一個具互動性且有教育價值的經驗。

2. 請家長們以二到三人為一組,請各組中的家長討論一下他們比較喜歡的閱讀種類以及他們喜歡的閱讀場所。

3. 請各組回到大團體中來分享他們剛剛的討論。向家長們強調市面上有各式各樣的讀物,大家所喜歡閱讀的類型不盡相同(例如:賽車雜誌、家庭雜誌、報紙、超市的廣告單、推理小說、歷史書等)。並強調一些家長們表示喜歡閱讀的地點(如沙發椅、睡前在床上、在戶外溫暖的陽光下)。

4. 向家長們指出,孩子跟大人一樣,也有不同的閱讀喜好,需要有不同的讀物在他們的環境裡。另外,他們也需要一些舒適的環境來進行閱讀。

✿ 請家長們盡可能地和孩子一起閱讀各式各樣的書和印刷品

5. 請家長們分享他們怎麼幫孩子選書，例如，他們可能選一些他們小時候喜歡看的書，或是有鮮明圖案的書。分發講義：「**選童書的原則**」，請家長們以四到五人為一組，分發給每一組兩到三本童書。請每組中的志願者唸給其他的成員聽，然後請組員們用該份講義來評量該組所分到的童書。

6. 向家長們說明，選取高品質的讀物只是向孩子介紹閱讀的一部分。經常地唸書給孩子聽，或是和孩子一起看書，可以和孩子建立親密的關係；孩子會將這個溫暖的人際關係與閱讀做連結。在家中一起分享閱讀有助於強調閱讀的重要性。

7. 分發講義：「**在家中進行閱讀活動的要訣**」。大家一起看一下講義上的項目，並鼓勵家長們分享他們的想法和提出問題。

8. 請家長和他們的另一半或是另一位與會人員組成一組，請每一組一起回答表 12A 上的問題。

9. 鼓勵家長們借閱學校圖書館裡的書。如果你的學校裡沒有供家長們借閱的圖書館，你不妨開始蒐集一些捐贈的圖書、二手書或是一般圖書館定期拍賣的書等。另外，「高瞻學前教學圖書館」和「爺爺的

表 12A － 在步驟#8 中使用

- 每天最適合我和孩子一起定期做閱讀活動的時段是……
- 我可以和孩子一起閱讀的方式是……
- 家中三個可以放書的地方是……
- 除了童書之外，我會和孩子們一起閱讀的兩種讀物是……

推薦」系列叢書都是高瞻出版社所提供的資源，你可向高瞻出版社洽詢購買。

10.安排一次到鄰近圖書館的戶外教學，並邀請家長們一起參加。請圖書館員建議二十本受學前幼兒歡迎的童書。將這二十本書名抄寫下來，印在週報上，另外也多影印一些供家長們拿取參考。

講 義

選童書的原則

　　用下列的原則來評選貴組所分到的童書。

1. 圖片。書中的圖片、照片或是插圖看起來令人愉悅嗎？這些圖片中有人物嗎？這些人代表著不同種族、年齡和體能狀況嗎？這些人在做什麼呢？書中的活動或訊息對您的孩子具有意義，或者是您希望您的孩子看到的嗎？

❦ **書名：**

❦ **評論：**

❦ **書名：**

❦ **評論：**

2. 故事情節。對孩子而言有意義嗎？能夠引起孩子討論故事情節的興趣嗎？故事是以孩子的用語來寫的嗎？

（下頁續）

❧ 書名：

❧ 評論：

❧ 書名：

❧ 評論：

3. **孩子的興趣。**書的主題能引起孩子的興趣嗎？會讓孩子跟著
   哭、笑，或是對某些事情覺得好奇嗎？是本孩子可以自己看
   的書嗎？

❧ 書名：

❧ 評論：

（下頁續）

（承上頁）

❦ 書名：

❦ 評論：

4. **成人的興趣**。這本書可以引起您的興趣嗎？是本您想要坐下
  來和孩子一起談論的書嗎？

❦ 書名：

❦ 評論：

❦ 書名：

❦ 評論：

在家中進行閱讀活動的要訣

1. 每天至少和孩子一起看一本書。設定一個特定的時間（例如放學後或是睡覺前），並且選一個舒適的環境，這將有助於您養成習慣。讓您的孩子選他要看的書，如果他連著幾天都選一樣的書，您也不用覺得驚訝。當您和孩子一起看書的時候，鼓勵孩子談談書中的情節、圖片和書中的人物。

2. 將書放在家中不同的地方，好讓孩子很容易就可以取到書。例如，放在廚房的矮櫃架上，用個籃子裝些書放在浴室裡，或放在臥房裡的儲物盒，以及客廳的書架上。

3. 參加家中附近的公立圖書館。當您到圖書館選書時，帶孩子一起去。別忘了也替自己選些您想看的書，孩子會以您為榜樣，了解閱讀對您而言也是很重要的。

4. 和孩子一起在家附近散步時，一起看看路標、車牌號碼、街名、住宅的號碼以及車子的種類。

5. 鼓勵孩子去看家中的照片。可以像玩遊戲一樣，談談照片中的人和所在的地方。這個過程可以鼓勵孩子在看書中圖片時做類似的分析。

6. 讓孩子看看你的購物單。鼓勵孩子用一些產品的圖片來創作

（下頁續）

（承上頁）

一張購物單，特別是那些孩子本身使用的東西。

7. 讀玉米片的盒子、朋友寫的信，或是報紙上有趣的文章給孩子聽。

III.

學習環境

13 太多玩具！太多小東西！在亂七八糟中找尋秩序！

目 標

✓ 檢視硬體環境對於完成工作和遊戲活動的重要性。

✓ 提供一些實際可行的策略來減少家中玩具的堆積和展示孩子的作品。

材 料

◆ 表 13A（事先寫在大張的壁報紙或是投影片上）

◆ 各種不同大小和形狀的容器，例如堅固的紙盒、塑膠（盤）、簡單的木架、可供吊掛物品的板子、籃子、塑膠垃圾筒、塑膠餐具置放盒以及懸掛式三層鐵籃

☼ 家長們像老師們一樣，常常對成堆的玩具感到頭疼

◆ 影印幾份「依著高瞻教學原則來安排和裝備空間所造成的效果」（參閱 Mary Hohmann 以及 David P. Weikart 所著的 *Educating Young Children: Active Learning Practices for Preschool and Child Care Programs*, 1995, pp. 123-124）

簡　介

1. 詢問家長們是不是有時感覺家中到處都是玩具？告知家長們今晚你將和他們討論孩子在家中的遊戲空間會影響他們主動採取行動，以及去執行他們想法的能力。讓家長們知道，你將會和他們一起探討如何儲放孩子喜歡的玩具和材料，以減少家中玩具的堆積，並幫助孩子記得他們放東西的地方。

☀ 請家長們到教室裡參觀一下，看看有哪些儲放玩具的方式是他們在家中可以使用的，例如塑膠盒、各式容器、鞋盒、塑膠籃、塑膠瓶和裝餐具的托盤

2. 請家長們想一下家中有哪些地方可以讓他們覺得能放鬆且有效的工作或遊戲，例如家中的特定地點、車庫、後院或是工作地方。請家長們對另一位家長描述這個地方，並且說明為什麼這個地方讓他們覺得舒服。

3. 請家長們跟大家分享一下這些空間能讓他們有效工作或遊戲的理由，並且將這些理由寫在一張壁報紙上。例如「空間夠大」、「所有的工具都在隨手可拿之處」、「椅子很舒服」、「我能獨處」、「我可以和別人聊聊」。

中心概念

4. 跟大家複習一下表 13A 中的項目。請家長回到他們剛剛的伙伴那兒，對他們的伙伴描述一下他們的孩子在家中都用哪些空間來探索、假裝，以及自創遊戲。

5. 請家長們回到大團體中一起討論，成人如何安排他們自己的工作空間好促進他們的工作，以及他們如何安排孩子的活動空間之間的雷同之處。預期的答案如「提供一個桌面」、「把玩具放在他們可以自己取用的地方」、「找個夠大的容器來放所有芭比娃娃的東西」。

6. 給家長們一些時間參觀一下教室裡玩具的安排。請家長們找一樣他們孩子喜歡的東西、一個容器，以及一些讓孩

表 13A － 在步驟#4 中使用

幼兒們需要空間讓他們可以……

- 探索、建構、假裝和畫畫——自己單獨做或是和他人一起做
- 尋找、使用材料來自創一些遊戲和活動，以及歸放他們用過的材料
- 感到安全、受到重視、探險和滿足

子覺得安全，且受到重視的東西。

7. 請家長們以四人為一組。給家長們一些時間，讓他們可以跟組員們分享他們在教室裡找到的東西，並且一起想想他們可以在家中使用這些項目的方法。

應用上的反思和點子

8. 給家長們幾分鐘，讓他們看看你帶來的容器。請他們想想家中有哪些孩子的玩具，讓他們覺得不知道要放在哪裡好——這些可能是體積很大的玩具，或是一堆小東西。請家長們利用今晚所提到的一些點子，寫下一個他們可以在家中儲放這些玩具的方法。

接續的安排

9. 分給家長們每人一份「依著高瞻教學原則來安排和裝備空間所造成的效果」（參閱材料中的項目），讓他們帶回家看。在教室裡靠近家長公告欄的地方放一塊白板，讓家長們寫下一些他們可以怎麼安排家中的環境，來促進孩子主動或是解決問題的方法。

14 找尋一些非商業製造、能促進主動學習的材料

目　標

✓ 檢視一些孩子感興趣卻非商業製造的物品和材料。

✓ 看看孩子可用哪些不同的方法來使用這些材料，以及當他們玩這些材料時可以學到的東西。

材　料

◆ 各式各樣自然的、零碎的，以及真實的材料，例如：樹枝、石頭、貝殼、松毬、空的食物盒、捲筒式衛生紙中心的紙捲軸、人造奶油筒的塑膠蓋子、舊方向盤、花盆、刷子和畚箕、舊皮夾和錢包、公事包、照相機和廚具；一些外出的服飾，例如領帶、手飾、夾克和帽子

◆ 壁報紙和彩色筆

◆ 膠帶

◆ 表 14A（事先寫在壁報紙上或是投影片上）

◆ **重要經驗**的講義（附在工作坊 4 的講義中）

1. 向家長們說明，在今晚的工作坊中你將和他們一起來看一些可以在自然環境或是鄰近商家中找到的免費或是便宜材料，來讓孩子玩。

開場活動

2. 請家長們以五到六人爲一組，分給各組一張壁報紙和一支彩色筆，以及一個袋子，裡面裝有三到四樣列在材料中的項目。請家長運用他們的想像力來想想他們的孩子可能會用怎樣不同的方式來玩這些材料，然後記錄在壁報紙上。例如，也許孩子會用指甲去撥松毬，感覺一下它的粗糙，或是聽聽看這樣撥會發出怎樣的聲音？

3. 十分鐘後，請各組將他們的壁報紙放在桌上或是貼在牆上展示。給大家五分鐘的時間，讓大家可以去看看各組寫在壁報上的點子。你也跟著去看各組的壁報，特別指出那些可以跟表 14A 搭配的點子，記得每一組你都至少指出一項點子。

中心概念

4. 請大家回到大團體來，用大家的壁報作爲參考，談談孩子自由去探索材料時，可以享有的經驗。強調你剛剛從各組中挑出的點子，並且將這些點子跟表 14A 連結。請家長們再舉出一些孩子可以用來學習有關家居、自然以及附近社區生活的材

表 14A－在步驟#4 中使用

孩子們可以探索哪些材料……
- 家居生活（他們在日常生活中看成人使用的東西）：
- 自然界的：
- 社區中的：

料。

5. 請家長們回到他們的小組中，給與每組一張**重要經驗**的講義。請家長們用他們原先寫在壁報紙上的點子做範例，指出在哪些活動中孩子可以參與那<u>些</u>重要經驗。

6. 請每組跟大家分享一或兩個他們的重要經驗。向家長們強調，當成人們提供適當的日常生活材料讓孩子自由使用時，孩子的能力就會漸漸產生，而成人也可以愉悅地觀察孩子的發展。

應用上的反思和點子

7. 請各組想想社區中有哪些地方可能會願意捐贈給學校或是家庭一些材料？協助家長們問問他們自己工作的地方可能願意捐贈的東西，例如，美容院可能願意捐贈一些壞掉的吹風機，學校就可以將電線剪掉供孩子玩耍；速食店可能願意捐贈一些外帶盒、**餐巾**或是菜單；或是公司可能願意捐贈一些廢紙。

8. 請各組跟大家分享一下他們想出來的地方。鼓勵志願的家長們到這些地方去遊說請他們捐贈這些物品，請家長們把他們要到的捐贈品帶到學校來。

接續的安排

9. 在教室裡騰出一些空間來放置這些捐贈品（自然界的、零碎的或是真實的材料），拿出一些到教室中使用，也讓班上的家長們帶回家中使用。

10. 安排一些小組活動的時間來讓孩子使用這些材料，並且幫孩子照一些他們使用這些材料的照片，將這些照片貼在公告欄上，並且附加一張跟參與這些活動相關的重要經驗。

15 以教室裡的學習區作為採買禮物的參考

目 標

✓ 以孩子對教室中不同學習區的偏好來作為選取禮物的參考標準
✓ 列出一些非傳統式禮物的點子，以及可以在社區裡找到這些東西的地方

材 料

◆ 壁報紙和彩色筆
◆ 一些孩子在各學習區中工作的照片或是幻燈片，如果你因某些因素手邊沒有這些照片，你可以從 Mary Hohmann 和 David P. Weikart 所著的《*Educating Young Children*》（1995）中影印一些孩子參與各式活動與經驗的照片（高瞻出版社允許你影印二十五份在工作坊中使用，如果超過二十五份請與我們聯繫，你可在緒論中找到我們的聯絡電話）。記得孩子的照片要包括孩子運用美勞材料（培樂多、泥狀黏土、顏料、彩色筆）創作；運用真實的工具和器具（娃娃家裡的鍋碗瓢盆，以及建構區裡的槌子和螺絲起子）；建構和扮演（用積木建構；穿戴帽子、鞋子和飾品來裝扮自己），以及參與肢體活動（對著目標丟球，跳和爬）

◆ 五個包好的盒子——

　　盒子1：真的工具（手動式的混合器、鍋碗瓢盆、鎚子、保麗龍）

　　盒子2：家庭中常見的用品（打蛋器、蛋白分離器、翻煎餅的鏟子）

　　盒子3：美勞材料（培樂多、彩色筆、紙、膠帶）

　　盒子4：律動材料（運動鞋、球、標的物、彩帶）

　　盒子5：裝扮材料（裝滿了外出服的皮箱）

◆ 講義：「到哪去買一些可以支持孩子興趣的東西？」

簡　介

1. 向家長們詢問，他們是不是有些時候想把電視關靜音，尤其是那些關於最近流行玩具的廣告，或者是希望去百貨公司買東西時，不需要經過玩具部。向家長們說明，你將和家長們一起檢視如何選購玩具，不會過於精細或是太貴，卻能支持和擴展孩子在學校及家中的興趣。

開場活動

2. 請家長們以三到四人為一組，分給每一組一張壁報紙、幾支彩色筆和幾張孩子在教室中工作的照片。請家長們寫下一些可以描述孩子在照片中的行為和興趣，例如裝扮、閱讀、挖、拖和傾倒。

中心概念

3. 請全體家長們一起想一些可以用來描述孩子行動的字句，指出孩子在照片中所進行的活動如何反應出他們的興趣。以一個他們剛想出的字句為例，一起列出一些成人可以用來支持或擴展孩子興趣的材料，例如，如果照片中的孩子正在做灌注液體的動作，你

所列的材料可以包括漏斗、水車、不同大小的塑膠瓶罐、容器、沙、水、沙拉油、洗澡盆、水盆和小孩用的泳池。

4. 請家長們回到他們的小組中，另從他們的單子裡選出兩個行動的字眼來重複剛剛在步驟#3的過程。等他們完成之後，請家長們張貼他們所列的單子，然後大家一起來看看各組的單子。向家長們強調，這些材料大部分都可以在家中找到，並不需要去玩具店購買。

5. 將孩子的興趣以及日常的材料聯想在一起，我們可以列出以下的要點：

   ◆ 孩子喜歡建構、裝扮、攀爬、跳躍、弄得亂七八糟和創作。

   ◆ 孩子基於自己的興趣和想法來決定他們要怎麼使用材料。

   ◆ 因為個別差異的存在，孩子可能會選不同的材料來完成類似的目標。

   ◆ 提供日常生活中不同的材料來供孩子探索，以支持孩子的興趣。

應用上的反思和點子

6. 分發給每組一個材料盒，請家長們打開盒子並且討論裡面的物品可以在哪裡購買，以及他們的孩子可能會在家中怎麼玩這些材料。請各組的家長們跟大家一起來分享他們的點子。討論一下在哪些地點他們可以買到這些支持孩子興趣的活動材料，例如，週六的家庭二手貨拍賣（譯者註：美國家庭有時會將家中用過的但目前不需要的一些衣物或器具，利用星期六展示在家中的車庫或是庭院中，以便宜的價錢拍賣）、五金行、文具店以及菜市場或超級市場。

7. 請家長們以兩人為一組來填寫講義：「**到哪去買一些可以支持孩子興趣的東西**」。在他們完成這項活動之後，問一下有沒有家長願意跟大家分享一下他們的想法。

8. 鼓勵家長們幫孩子照相，尤其是他們在玩一些這個工作坊中提到
   過的材料時。家長們可以將這些照片以及他們附註的說明貼在公
   告欄上。準備一個照相機，讓那些沒有相機的家長們可以借用。

✳ 展示孩子在教室裡使用不同
   材料的照片，可以作為家長
   購買玩具的參考。此處展示
   的照片有：(a)用黏土來創作
   (b)畫畫(c)幫娃娃作頭髮

到哪去買一些可以支持孩子興趣的東西？

　　跟同組的家長分享一些您的孩子在家中感興趣的東西，然後列出一些可以支持和促進這樣玩耍的材料。記得要包括那些家中已有的材料，例如水盆、噴槍、紙箱、庭院裡的鞦韆等等。最後，寫下你想到可以買的禮物以及在哪裡最有可能買到這項東西。

❧ 孩子的興趣：

❧ 可以支持這些興趣的材料：

❧ 禮物的點子以及可以買到這項物品的地點：

16 戶外活動的價值

目 標

✓ 檢視戶外活動的價值，以及它所提供給孩子的特殊學習機會。

材 料

◆ 壁報紙或是投影片

◆ 表 16A 和 16B（事先將這些表寫在大張的壁報紙或是投影片上）

◆ 講義：「孩子在戶外都做些什麼？」「高瞻學前教育的重要經驗」（參看工作坊 4 的講義）

簡 介

1. 向家長們說明在今晚的工作坊中，你將和他們一起看看戶外活動對他們的孩

表 16A－在步驟#2 中使用

● 描述一些您小時候喜歡的戶外活動。

● 您小時候都喜歡用哪些戶外活動的材料（自然的、商業製品、家裡自己做的）？

● 您的戶外活動與室內的活動有哪些不同？

活動	材料	不同點

子有些什麼樣的價值，以及它所提供的一些特殊學習機會。

開場活動

2. 請家長們以兩人爲一組，來回答表 16A 中的問題。

3. 請大家回到大團體中，將各組的答案寫在表 16A 上。這些答案
   可能包括：活動——跑、挖、拍、跳、攀爬、叫；材料——土、
   泥灘、水管、鞦韆、昆蟲、樹；以及一些的不同——自由些、髒
   亂點，不同的味道和聲音。

中心概念

4. 問問家長們，從他們早期
   的戶外活動經驗中，他們
   學到些什麼？將他們的答
   案列在壁報紙上。這些答
   案可能包括對運動比較在
   行、對蜘蛛和昆蟲知道得
   多一點、了解如何一起合
   作玩遊戲。同時問問家長
   們這些早期的經驗對他們
   現在有些什麼樣的幫助，
   例如，身體的強健對抱孩
   子、重新安排辦公室或是
   搬家具都很重要。

5. 跟家長分享列在表 16B 中
   關於戶外活動的益處。如
   果可能，將此圖表與步驟

表 16B－在步驟#5 中使用

戶外活動可以提供……

● 一個激烈運動和發展大肌肉
  及協調技巧的機會。

● 一個體驗新鮮空氣、陽光、
  雲朵、雨、風和雪的機會。

● 一個探索蟲子、螞蟻、蜘蛛、
  松鼠和自然界物品，像是樹
  枝、石頭、葉子、橡樹果和
  栗子的環境。

● 一個和其他孩子們一起互動
  和合作的機會。

● 成人在更開放的空間裡觀察
  孩子們，以及用無法在室內
  使用的方法來和孩子們一起
  玩。

#4 中的答案連結。給家長們幾分鐘讓他們可以分享他們的想法、

作回應或是另想一些可以增加在圖表上的益處。

6. 分發講義:「**孩子在戶外都做些什麼?**」以及「**高瞻學前教育的重要經驗**」。請家長們以三到四人為一組,然後照著第一份講義上的說明來進行。

7. 請各組回到大團體中,並且寫下一些各組討論的結果。你在進行時可以用比較一般的用語來說明家長們所列的重要經驗。例如,如果家長們說:「孩子合作一起進行。」你可以寫下「合作」,並且說:「是

☀戶外活動不僅只是針對孩子而已!跟孩子一起在戶外玩,給與成人更多了解孩子興趣和發現的機會

的,孩子正在學習如何與他人相處。」或者你也可以提一下,孩子在戶外從一處移動到另一處,表示他們正使用不同的肢體運動。

接續的安排

8. 請家長們允諾他們會在下次家長聚會之前,跟他們的孩子在學校的戶外或是在家附近的公園一起玩。可以和孩子一起互動的機會包括盪鞦韆、翹翹板、挖沙坑,或是對牆丟球或彼此丟接球。

9. 在靠近公告欄的地方放張海報寫著「我們在戶外做⋯⋯」。鼓勵家長們將他們的戶外活動故事寫在上面。

孩子在戶外都做些什麼？

　　閱讀下列的狀況，並且從重要經驗的講義中挑選出哪些重要經驗比較適用於哪一個情況之中。把您的答案寫在空白處。

狀況一

　　三歲的賈斯丁正自己坐在小沙坑裡。他有輛小卡車和一支湯匙。整整十五分鐘，他用湯匙把土挖到卡車後座，並且沿著沙坑移動他的卡車。他繞著圓圈走，等他走回起點時，他就把土從卡車卸下，然後又再重複剛剛的過程。當他開始工作時，他發出像是卡車的聲音。

重要經驗：

狀況二

　　一群鄰家的孩子，年紀大約是四、五和七歲；正在玩一個像是跳房子的遊戲。他們在地上畫各種不同的形狀，以及輪流把石頭丟到一個形狀裡。當一個石頭落在一個形狀裡，其中一位孩子就挑選一樣動作讓大家一起做（例如跑、走、爬、單腳跳、旋轉），直到他說「停」為止。然後他們都倒在地上大笑，

（下頁續）

（承上頁）

接著下一位孩子又重新開始這項遊戲。偶爾他們會停下來對遊戲的規則有些爭議——「你要一直跳，直到我說停為止。」或是說說他們的感覺——「我的腳好累喔！」

🍀 **重要經驗：**

狀況三

　　跟孩子一起到家裡附近的公園時，您坐在板凳上看孩子玩耍。有兩位孩子在盪鞦韆，三位孩子在溜滑梯。您看到一群孩子在沙堆附近，他們正在收集橡樹果、栗子和不同長短大小的樹枝。他們把收集到的東西以不同堆來排放。他們用橡樹果當錢，用樹枝來煮栗子湯。孩子用「錢」來跟「廚師」買「湯」。

🍀 **重要經驗：**

將戶外活動帶到室內：
創造一個豐富的玩耍空間

目　標

✓ 檢視一個能激發肢體活動的室內環境之益處。

✓ 列出一些孩子能在室內（即使是很小的空間裡）運動肢體的方法。

材　料

◆ 一個具有開放空間的會議場所，讓家長們可以自由地丟接球

◆ 各式柔軟可以丟接的物品，例如報紙揉的球、襪子捲成的球、毛線球等

◆ 鈴

◆ 表 17A 和 17B（事先寫在壁報紙或是投影片上）

◆ 講義：「**我想我能忍受……**」

◆ 壁報紙和彩色筆或是投影片

簡　介

1. 問問家長們是否曾要孩子到外面去玩，因為他們在家裡太吵了；或是孩子因為天氣不好不能到外面去玩而覺得煩躁。讓家長們了解，孩子天生大聲和活躍的行為，不一定非要到外面才可以發揮。向家長們說明，今晚的工作坊裡，你將和他們一起看看為孩子創造一個可以激發身體運動的室內空間的益處，以及一些可以

支持孩子大聲和活躍需求的方法。

開場活動

2. 分給每位家長一個可以丟的東西，請家長們散開來，找一個他們可以看到每位與會人員的地方。鼓勵家長們以不同的姿勢來丟（蹲著、站著、跪著、坐在地板上）。

3. 當他們找好位子之後，請他們跟另一位家長互相丟接，或是把東西拋高再自己接。兩分鐘之後，搖鈴請家長們換個地方站，再開始他們的丟接活動。重複幾次這個活動，預期房間裡的音量會隨著活動的進行而增加。

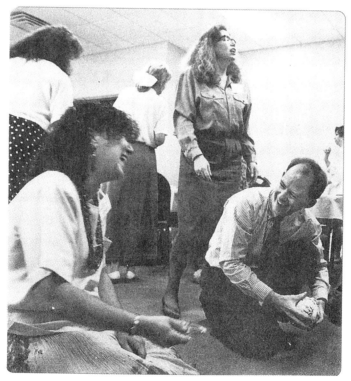

☼ 參與活躍的室內遊戲，可以協助家長們更進一步了解這些活動可以為孩子帶來的好處

4. 請家長們回到團體中，分享他們對剛剛活動的感受。預期家長們可能會有以下的回應：「做點不同的活動感覺很好！」「玩起來覺得很奇怪。」「我喜歡做些我能做得很好的事情。」「我一點也沒注意到吵雜的聲音！」「在辦公室坐了一整天之後，能開心的笑和動一動，感覺很好。」「很好玩也很輕鬆！」如果有些家長們對活動的音量和混亂程度有些擔心，對家長們的擔心加以認知，並且說出他們的感受：「這類的活動可能會變得很吵或是很激烈，我們當然需要考量不同家長們能忍受的程度。」

5. 展示表17A「豐富室內遊戲的益處」，請家長們分享他們的想法，提出問題或是增添未列在圖表上的益處。

6. 分發講義：「我想我能忍受……」，請家長們以二到三人為一組，依著講義上的說明來進行活動。

7. 請各組分享一項他們討論過的益處，將家長們的分享寫在壁報紙或是投影片上。

表 17A－在步驟#5 中使用
豐富室內遊戲的益處
● 放鬆緊張的氣氛
● 自由地移動
● 發展平衡、協調和肌肉的張力
● 激發身體的挑戰力
● 角色扮演和想像力的發展
● 不具威脅性的社會互動

應用上的反思和點子

8. 請家長們回到他們的小組裡，並且跟別組交換一下講義。請他們針對新講義上的一個擔憂項目，看看他們能做什麼樣的修正，好讓孩子仍舊能從其中得到益處。

9. 將講義歸還給原組，並且討論一下所做的建議。

10.請家長們想想他們自己的家，以及他們的孩子在肢體上的需求。
然後請家長們以兩人為一組，互問寫在表 17B 上的兩個問題。將
部分家長們的答案張貼在公告欄上。

表 17B －在步驟#10 中使用

- 哪些列在表上的室內活動您
  想您會和孩子們一起進行？
- 您想您可以提供哪些材料來
  延展孩子現有的興趣？

我想我能忍受……

　　看看下列的活動，跟您組裡的成員談談，有哪些室內的活動是您在家裡比較能忍受的。當討論進行時，針對每一個項目寫下該項活動可以為您的孩子提供的益處，以及您允許孩子在室內進行該項活動的擔憂。

遊行和閱兵（用鍋、盤、塑膠容器和木匙來當樂器）

❦ 對孩子的益處：

❦ 家長們的擔憂：

跳躍（在床上、沙發上、舊的彈簧床上、小的彈跳床、室內的攀爬架）

❦ 對孩子的益處：

（下頁續）

CZ 家長們的擔憂：

丟、投、打擊和踢（海灘球、枕頭、氣球、沙包）

CZ 對孩子的益處：

CZ 家長們的擔憂：

堆積（空盒子、塑膠容器、沙發上的靠枕）

CZ 對孩子的益處：

III.
學習環境

137

（下頁續）

🍀 家長們的擔憂：

跳舞和伸展筋骨（跟著音樂，使用彩帶、絲巾、仙女棒）

🍀 對孩子的益處：

🍀 家長們的擔憂：

滑（以坐式或是趴式，穿著襪子在地板上滑或是在鞋外包一層蠟紙）

🍀 對孩子的益處：

（下頁續）

❦ 家長們的擔憂：

騎、盪、搖（具輪子的玩具、室內的鞦韆、旋轉椅、木馬）

❦ 對孩子的益處：

❦ 家長們的擔憂：

躲（舖上桌巾，孩子可以搭建帳棚和用椅墊或是枕頭來搭建基
　　地，重新安排那些重的家具來造成一個圍起來的空間；躲
　　在櫥櫃或是衣櫃裡）

❦ 對孩子的益處：

（下頁續）

（承上頁）

❀ 家長們的擔憂：

▶▶ 家長工作坊的精要資源：理想的教學點子 IV. Copyright © 2000 High/Scope® Educational Research Foundation. 本出版社保留所有權益。本出版社允許本書的擁有者在舉行家長工作坊時影印此頁。「High/Scope」的名字以及商標都屬於高瞻出版社所有。

18 了解孩子在家中的責任

目　標

✓ 討論對學前幼兒在家中照管他們本身事物，一些比較確切真實的期望。

✓ 討論一些可以協助家長們調整對孩子期望的方法，好讓幼兒能在協助家務上比較有成就感。

材　料

◆ 一些壁報紙和彩色筆或是投影機

◆ 開場活動所需的講義：「**測試您的責任指數**」

◆ 講義：「**我可以期待我的孩子做些什麼呢？**」

◆ 表 18A 和 18B（事先寫在大張的壁報紙或是投影片上）

簡　介

1. 向家長們說明，今晚你將和他們一起看看幼兒在家中可以負起哪些責任，以及家長們可以如何協助孩子成功地執行這些責任。

III.
學習環境

141

2. 請家長們填寫講義：「**測試您的責任指數**」。

3. 請家長們猜猜你請他們填寫這份講義的理由，以及這項活動和他們的孩子有什麼關聯。將家長們的分享寫在大張壁報紙上。記得要強調以下這些要點：

◆ 不論對成人或是幼兒，總是維持高標準以及完美的表現是相當不容易的。

◆ 不合理的期望會讓家長和幼兒感到非常挫折。

◆ 對幼兒而言，負責並不一定總是需要換床單或是將自己的衣服放好，一些簡單的工作也許更恰當。

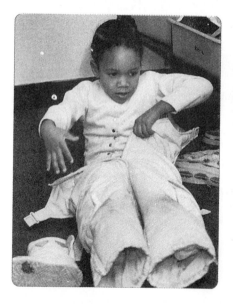

☀和家長們分享孩子在學校裡所分擔的責任，讓家長們想想有哪些類似的工作是孩子可以在家中做的

中心概念

4. 對於孩子在家中擔負責任，建立一些合於孩子年齡及能力的期望是非常重要的。最好是以漸進的方式來將這些責任交付於幼兒，從比較簡單的工作開始，隨著孩子的成長而逐漸增加責任的複雜

度。

5. 請家長們以三到四人為一組，分發講義：「我可以期待我的孩子做些什麼呢？」並且請家長們依著講義上的指示來進行活動。

6. 請各組的家長們回到大團體來，分享他們的結論，在需要的情況下，協助家長們進一步簡化他們的建議。例如，如果有一組家長在個人衛生習慣欄內列著「自己穿球鞋」，請家長們想想，如果孩子還不會綁鞋帶，那麼他們可以怎麼進行這個工作呢？

應用上的反思和點子

7. 展示表 18A。和家長們一起看看表中的要項，並且給與家長們時間問問題和分享他們的想法。

8. 請家長們回到他們的小組中，各組就表 18A 的支持和阻礙，各舉出一個例子來和大家分享。

表 18A－在步驟#7 中使用

一些可以支持或阻礙孩子在家中擔負責任的教養

❀ 支持

- 觀察孩子們擔負責任的方式並且鼓勵他們繼續進行
- 簡化一些工作讓孩子們可以成功地負擔
- 讓孩子們有足夠的時間來完成他們的工作
- 對孩子們的努力加以認可和感謝

❀ 阻礙

- 不鼓勵孩子們幫忙，因為他們沒辦法做得像您一樣好，或是因為您可以很快地把事情做完
- 以演講的方式告訴孩子們正確綁鞋帶、刷牙，和收拾玩具的方法
- 催孩子們快點把事情做完，強調結果重於過程
- 對孩子們沒辦法做的事加以負面批評

9. 在工作坊結束之前，請家長們列出一個可以在家中使用這些資訊
   來完成表 18B 中的兩項陳述。家長們可以依著他們的喜好單獨進
   行這項活動，或是跟別的家長討論，一起來進行這項活動。

10.觀察孩子在教室中擔負責任的不同方式。將這些觀察記錄下來，
   張貼在公告欄上，記得要包括班上所有的孩子。

表 18B － 在步驟#9 中使用

- 填入一個可以支持孩子們負
  責的教養方式：在家裡我會
  試著⋯⋯
- 填入一個會阻礙孩子們負責
  的教養方式：在家裡我會盡
  量不要用⋯⋯

講 義

測試您的責任指數

　　請回答以下的問題，這些問題是以您而不是以您的孩子為對象。請填入〇代表對，以×代表錯。您不需要和別人分享這些答案，但是您的答案將有助於接下來的討論，因此請您誠實回答以下的問題。

1. ＿＿＿＿＿＿我從不把換下的衣服放在椅子或床上。我總是把乾淨的衣服放進抽屜裡或是掛在衣櫥裡，把髒衣服放在洗衣籃內。

2. ＿＿＿＿＿＿每天早上起床之後，我總是把床舖好，每個月我至少會換兩次床單。

3. ＿＿＿＿＿＿每次用完洗手間之後，我總會把手徹底洗乾淨。

4. ＿＿＿＿＿＿不論在家或是餐館，我總是會把我盤裡或是碗裡的食物吃完，不論我喜歡或是不喜歡的食物。

5. ＿＿＿＿＿＿我從不曾在雨天或下雨過後去踩或是踏泥坑或水坑，也不曾在下雪過後躺在雪地裡，上下揮動手臂，在雪地裡留下像天使的印子，或是從不曾將手或腳放進濕的沙子裡。

6. ＿＿＿＿＿＿我廚房櫃子裡的東西總是放得很整齊。

7. ＿＿＿＿＿＿在我需要用螺絲起子、槌子或是紙和筆時，我總是很容易就能找到我需要的工具。

8. ＿＿＿＿＿＿如果你現在打開我放襪子的抽屜，你會找到只有成雙的襪子，沒有一些單隻、找不到可以配對的襪子。

9. ＿＿＿＿＿＿即使在遊戲裡，我從不曾參與打食物仗，將蛋糕砸

（下頁續）

（承上頁）

到別人的臉上，或是在義大利麵煮好時將它丟到牆上來測試其是否煮得恰到好處。

10. _____ 吃完飯之後我總是會洗完碗盤，擦乾，將碗盤放進碗櫥之後才去進行下一活動。

講 義

我可以期待我的孩子
做些什麼呢？

　　請閱讀以下的家務責任表，並且討論一些學前幼兒可以參與的方式，在空白處寫下您的建議。我們將第一項的答案列出來供您參考（請注意，即使寫下所有孩子能夠參與的方式，您也不要期望孩子馬上就能參與所有列出的家務）。

🍀 **晚餐之後協助收拾：**

- 將塑膠碗盤或是餐具放在洗碗槽裡。
- 在碗盤移走之後，幫忙用抹布擦桌子。
- 把椅子推進桌子裡。
- 把餐巾紙丟進垃圾筒裡。
- 用小掃帚或是手提式吸塵器將桌旁的地板清理乾淨。

🍀 **換穿好上學的衣服：**

🍀 **做好個人的衛生工作（洗澡、刷牙、洗頭、上廁所）：**

🍀 **收拾玩具：**

IV.
成人與幼兒間
的互動

19 家中的權力相爭

目　標

✓ 討論在一些困難情況下成人與孩子間的互動。

✓ 提供一些可以在這些狀況下採用的正向互動方式。

材　料

◆ 將事先寫好的名牌，放在各小組的桌上

◆ 表 19A（事先寫好在大張的壁報紙或是投影片上）

◆ 講義：「困難情況下可採用的正向成人—幼兒互動方式」、

　　　　　「早上、晚餐和睡前的難題」

◆ 紙和彩色筆

◆ 在每個小組桌上放一些鉛筆和原子筆

簡　介

1. 當家長到達會場時，跟他們打招呼，並且告知家長大概再五分鐘
   之後工作坊就要開始進行。引領家長到指定的小組入坐，並且請
   他們安靜地等待，好讓你可以做最後幾分鐘的準備。如果家長們
   把他們的名牌移到另一個座位，向家長們說明：「很抱歉，我做

這樣的座位安排有特別的理由。不好意思！要請你回到原先排定的座位。」

2. 故意匆忙地在教室裡跑來跑去，忙著在每張桌子上放一些鉛筆和原子筆，整理放茶點的桌子，以及把放壁報紙的畫架或是投影機移到會場的前方（不要讓家長看到表 19A）。如果有人試著要跟你談話，你就說：「對不起，我現在很忙，太多的事情要準備，能不能等一下再跟你聊。」如果有人要幫你的忙，你就很禮貌但態度堅定地告知：「謝謝你，

☀ 除了你常用來解決壓力狀況的方式之外，也從孩子的觀點來看看問題的所在

我自己來就可以了，如果你能回到你的座位，安靜地等待會議開始就是最大的幫忙了。」

開場活動

3. 走到會場前方，站在壁報畫架或是投影機旁，說：「讓我們開始今晚的工作坊，這是個很重要的課題，而且今晚我們要談的內容很多，所以我需要各位的注意。」向家長們展示表 19A。

> **表 19A－在步驟#3 中使用**
>
> - 當你告訴我安靜地坐在指定的座位時，我……
> - 當你不回答我的問題或是我講的話時，我……
> - 當你拒絕我的幫忙時，我……

4. 請家長們回答表上的問題，以及將家長們的答案寫在大張壁報紙或是投影片上。你可能聽到這些答案：「我有點生氣，因為我可以幫忙煮咖啡，可是你不讓我幫忙。」「我覺得你老是在發號施令。」「我覺得有點被忽略和不受到認可。」

中心概念

5. 向家長們表示你同意他們的意見；當情況被一個人單獨掌控或者是完全忽略別人的長處時（坐下，到你所指定的位子，不要幫我），常讓人覺得生氣、被拒絕和無助，這些感受可能會干擾學習經驗。向家長們說明，在今晚的工作坊中，你將和他們一起看看兩種方法，可以避免使他人受到他們在開場活動中所感受到的感覺。告知家長們首先你將討論與開場活動有關的這些方式，然後再談一些他們和孩子間的相處狀況。

6. 分發講義：「**困難情況下可採用的正向成人─幼兒互動方式**」。請大家一起回想剛剛家長們所分享的感受與講義上的要點之間的關聯。請家長們指出，你剛剛在會議開始之前的哪些行為是不分享掌控及不注意他人的長處。然後請他們建議你也許可以用哪些不同的方式來加以改善，可能會得到哪些不同的結果。

應用上的反思和點子

7. 告知家長們，接下來你將和他們一起看一下將這些互動式策略試用在一些常見的家長與幼兒間的狀況。分發講義「**早上、晚餐和睡前的難題**」，一起看一下第一個難題，然後討論哪些方法能夠幫助孩子分享掌控權，或是將焦點著重於他們的長處上。

8. 請家長們以五到六人為一組，以十五分鐘的時間來完成講義剩下的部分。請每一組分享一個他們剛剛討論過的想法。將家長們的分享寫在大張壁報紙或是投影片上。

IV. 成人與幼兒間的互動

9. 家長們可以獨自進行或是找另一位家長一起做。請家長們看一下在兩項互動式策略下所列的要項，並且在另一張紙寫下在哪個特定狀況下，他們會允許孩子擁有部分的掌控權。

10. 收集剛剛在步驟#9 中家長們所寫下的計畫，將這些計畫列在一起，張貼在公告欄上。鼓勵家長們在接送孩子時，在上面增加一些建議或是分享一些在家中的狀況。

困難情況下可採用的正向
成人—幼兒互動方式

與孩子分享掌控權

- 傾聽您的孩子真正要表達的訊息並且對其加以認知。

- 對孩子的興趣感到有興趣。

- 選取一些您可以和孩子分享掌控權的時機。

將焦點放在孩子的長處上

- 試著從孩子的觀點來看事情。

- 基於孩子所喜歡做的事情，以及可以做得好的事情來提供一些
  選擇的機會。

IV.

成人與幼兒間的互動

講義

 # 早上、晚餐和睡前的難題

閱讀以下的狀況，各組選取或是自創一個難題來加以改善。利用講義「困難情況下可採用的正向成人—幼兒互動方式」中列的策略，來引導討論。將您組裡的意見寫在下列的空白處。

早上的難題

您需要在二十分鐘後從家裡出發才能將女兒準時送到學校，女兒卻仍在她房間玩玩具。您幾分鐘前就叫她吃早餐，可是她卻說不餓不想吃。

❡ **難題：**

您覺得孩子需要在她上學前吃點東西，可是她卻不想吃。

❡ **可能的解決方法：**

對女兒說：「妳可能現在不覺得餓，所以不想吃。」然後提供一個替換的做法，「我會帶條香蕉和一些餅乾在車上，萬一妳改變主意時可以在車上吃。」

晚餐的難題

對您和您的家庭來說，一起坐下來吃晚餐是晚上很重要的一件事。飯準備好了，可是您四歲的兒子卻問，他可不可以一邊看他喜歡的錄影帶一邊吃晚餐。

（下頁續）

（承上頁）

❦ 難題：

❦ 可能的解決方法：

睡前的難題

最近您五歲的女兒在上床後總是爬起來開著門說她還不累
不想睡，在您試著把她帶回床上睡覺之後，她還是繼續爬起來。
如果您跟她一起躺在床上，她就會躺著睡覺。有些時候一起躺
五分鐘她就會入睡，有些時候要花到二十分鐘她才能入睡。

❦ 難題：

❦ 可能的解決方法：

IV.

成人與幼兒間的互動

對於孩子的發脾氣加以了解並且做有效處理

目 標

✓ 從家長們及孩子的雙重觀點來檢視孩子失控的情況。

✓ 練習使用支持性的策略來協助孩子渡過這些發脾氣和情緒失控的難關。

材 料

◆ 壁報紙和彩色筆或是投影機

◆ 講義:「當我的孩子做＿＿＿＿＿時,我覺得＿＿＿＿＿」

　　　　「可以在孩子失控時使用的一些支持性策略」

◆ 每一組的桌上放些鉛筆和原子筆

簡 介

1. 問問家長們是否在公園、超市或是玩具店看過別人的孩子情緒失控的情況。讓家長們知道在今晚的工作坊裡,你將和他們一起看看在哪些常見的情況裡會讓家長和孩子都有很強的情緒反應。並且向家長們解釋你將會討論如何在這些情況裡,有效地運用主動學習和支持性策略。

2. 分發講義：「**當我的孩子做＿＿＿＿時，我覺得＿＿＿＿**」請家
   長們以三到四位為一組，並且照著講義上的說明來進行這項活
   動。給與家長們十分鐘來討論講義上的狀況。

中心概念

3. 請各組回到大團體中。請家長們說
   說他們對每一個狀況的感受，並將
   家長們的感受寫在以「家長的感受
   」為主題的壁報紙或是投影片上。
   家長可能會說的感受如不好意思、
   生氣、很煩等等。請家長們描述他
   們的感受，並且仔細傾聽他們的回
   答（例如，當孩子在店裡大叫，真
   讓人覺得不好意思。你會覺得大家
   都在看你）。

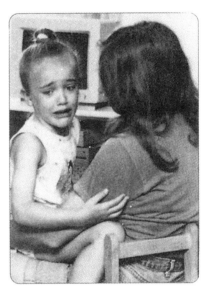

☀ 在孩子發脾氣或是哭鬧的背
後，常常包含了很多的情緒
——挫折、生氣、害怕、嫉妒

4. 請家長們回到小組裡，以孩子的觀
   點再來看看這些狀況。家長們討論
   在這些狀況裡孩子可能會有的感受
   之後，請家長們回到大團體中，跟
   大家分享他們的討論，並且將分享記錄在「孩子的感受」的壁報
   紙或是投影片上。你可以預期這些感受可能會跟剛剛的「家長的
   感受」非常相似。

5. 向家長們詢問，從不同的觀點來看，這些情況可以幫助我們學些
   什麼呢？向家長們強調，雖然在這些情況裡，孩子和家長一樣都
   有著很強的感受，但是孩子常以哭鬧或是發脾氣的方式來表達他

們的情緒，因為他們還未成熟到能以比較平靜的方式來表達他們的情緒。

應用上的反思和點子

6. 分發講義「可以在孩子失控時使用的一些支持性策略」。請家長們從前一份講義中選取一個狀況，接著閱讀講義：「**可以在孩子失控時使用的一些支持性策略**」中的要項，並且請他們討論可以如何將這些要項運用到所選的狀況中。

7. 請各組家長們回到大團體中，分享他們覺得這些建議的策略可以如何協助他們面對孩子的哭鬧或是發脾氣。

接續的安排

8. 在教室的入口放置一個「難題」箱。請家長們寫下他們遇到孩子發脾氣或是哭鬧的難題，以及他們所運用來面對的策略。在你收集了五到六個軼事記錄之後，做張講義來和家長們分享一些可能遇到的難題，以及一到兩項家長們分享的解決對策，或是建議家長們採用講義「**可以在孩子失控時使用的一些支持性策略**」中的策略。

講 義

 當我的孩子做＿＿＿＿＿時，我
覺得＿＿＿＿＿

　　閱讀下列四個狀況，這些狀況描述一般學齡前幼兒常有的
一些行為。跟您的組員們一起討論並寫下，假如您是狀況中的
家長，您可能會有哪些感受。不用去想您應該有怎麼樣的感受，
只需寫下您真實的感受。

狀況一

　　您邀請朋友到家裡吃飯，您花了幾天的時間忙著採購、準
備食物和整理家裡。您期望四歲大的女兒會跟您朋友三歲大的
女兒一起玩，但朋友才到您家，您那寶貝女兒就衝到她房間把
門關了起來。十五分鐘後她才從房間裡出來。一看到朋友的女
兒在客廳玩她的拼圖，她就哭叫著：「那是我的拼圖！」

❀ 感受：

Ⅳ. 成人與幼兒間的互動

161

（下頁續）

狀況二

　　您帶著兒子在超市購物，兒子從收銀台旁的架上拿起糖果要吃。當您告訴他把糖果放回去，因為還沒吃晚餐不能吃糖果，他大叫著說，他現在很餓不想等了。

🍀 **感受：**

狀況三

　　您到托兒所接五歲大的女兒，很想聽聽她今天戶外教學到美術工作室的情形。才剛到學校，女兒的同學就跟您告狀，女兒今天在戶外教學時用筆畫在另一位小朋友的衣服上，害得那位小朋友哭得很厲害。當您問女兒時，她卻說：「因為她穿的是新衣服，又比我的漂亮。」

🍀 **感受：**

（下頁續）

（承上頁）

状況四

　　四歲兒子剛收到一封邀請函，他的朋友邀請他去參加生日
宴會。生日宴會在附近的披薩店舉行，店裡有一個小型的遊樂
場。在告訴兒子他可以參加之後，他就跳上跳下地說：「我喜
歡去那個地方。」突然，您記起了那個週末剛好是你們要到外
地去的週末。在跟兒子解釋他不能去參加之後，他就大叫：「我
討厭妳，妳都不讓我去玩！」

❧ 感受：

可以在孩子失控時使用的一些支持性策略

1. 試著預期可能出現的問題並且事先加以計畫。例如，如果您的購物之行可能會花上比較長的時間，帶點點心在等候付帳時讓他吃，或是給他個小玩具，讓他沒有空閒的手可以去拿架上的糖果。

2. 當孩子哭鬧或是發脾氣時，記得要保持冷靜。如果孩子願意讓您給與肢體的安撫，您可以抱他、按摩他的背，或是握他的手。如果孩子不讓您碰他，您可以冷靜地陳述他的感受，以及對這些感受加以肯定：「你很失望也很生氣，因為你不能去參加生日宴會。」

3. 讓孩子了解雖然這些感受是真實的，但是有些行為是不恰當、危險以及有害的。「我知道妳嫉妒塔弩卡的新衣服，可是在上面畫畫會弄壞她的衣服，也會讓她很傷心。」

4. 當孩子想不出其他的方法時，為孩子提供一些可以恰當地向其他孩子表達他們感受的替代方法。「妳不喜歡她玩妳的拼圖，可是尖叫不是個好方法。在妳覺得難過時，有時候抱抱妳的毯子會讓妳覺得好過一些。」

5. 鼓勵孩子參與解決問題。「因為不能去參加生日宴會讓你覺得很生氣，我們一起來想想有哪些事情會讓你覺得好過一

（下頁續）

（承上頁）

點。」

6. 了解您自己生氣和覺得不好意思的感受，這些感受可能會讓您無法保持冷靜，想快點解決這燙手的問題，而忘了把焦點放在長遠的解決之計。找出一些可以常用來紓解和平穩情緒的方法（聽音樂、看報紙、慢跑），好讓您能在這些問題出現時面對和解決。

21 解決每天的問題：機會學習

✓ 檢視自己解決日常問題的益處。

✓ 列出一些學齡前幼兒常面對的問題。

✓ 提供一個家長們可用來協助幼兒解決問題的過程。

材　料

◆ 表21A和21B（事先寫在一張大張的壁報紙或是投影片上）

◆ 夠分給每一組的紙和原子筆／鉛筆

◆ 壁報紙和簽字筆

◆ 講義：「學齡前幼兒常面對的問題」「支持孩子解決問題的步驟」

☼ 當孩子自己解決問題——例如自己穿雪衣——孩子在肢體上、智力上以及情緒上都得到益處

1. 向家長們說明，今晚的會議裡你將和他們一起看看自己能解決問題的益處、學齡前幼兒常面對的問題，以及家長們可以如何支持孩子面對他們每天可能遇到的困難。向家長們強調，你今晚的焦點是在孩子日常生活中常面對的困難，而不是與他人間的衝突。首先，你將看看家長們可能碰到的狀況，然後檢視孩子常面對的困難。

表 21A－在步驟#2 中使用

狀況一：

您決定在傍晚回家的路上順便繞到超市買一些蛋和牛奶。在買完東西回到車上時，您發現您把車鑰匙鎖在車內。

狀況二：

已經晚上十一點了，您剛準備好明天聚餐要帶去的菜，洗碗槽裡堆滿了蘋果皮和哈密瓜的皮。您把這些果皮都塞進垃圾處理機，轉動開關之後卻一點動靜也沒有。（譯註：一般的美國家庭裡，在洗碗槽下端有個垃圾處理機可將一些果皮等打碎排除。）

開場活動

2. 請家長們以四到五人為一組，分給每一組一張紙，和一支筆或鉛筆。展示表 21A，請每組選取表上的一個狀況，並且寫下可能的解決方法。

中心概念

3. 給每一組一些時間，讓他們可以分享他們所想出的解決方法。當家長們在列出他們的解決之道時，將討論的重點著重在他們自己解決這些問題的收穫而不是由他人告訴他們怎麼做。在一張標示「解決這些問題可幫助你……」的大張壁報紙上寫下這些益處。家長們可能提出的回答如下：想出具創造力的解決方法；了解可

以多種管道來解決問題；從過去的經驗中尋求方法；以及分析式的思考方式來面對難題。

4. 將焦點由家長轉到孩子，分發講義：「**學齡前幼兒常面對的問題**」。請每組閱讀這份講義，然後從他們孩子的經驗裡想出一些例子。

5. 向家長們說明，孩子如同大人一樣，相較於由他人告訴他們怎麼做，孩子會從自己解決問題中得到更多的益處。告知家長們，你將和他們分享五個成人可以用來協助孩子面對他們每天所遇到的問題的步驟。分發講義：「**支持孩子解決問題的步驟**」，然後花一點時間討論其中的步驟。

<table>
<tr><td>

應用上的反思和點子

</td><td>

表 21B－在步驟#6 中使用

</td></tr>
<tr><td>

6. 展示表 21B。請每組選取表上的一個狀況來應用講義上的步驟。例如狀況一，應用第一個步驟（對問題以及孩子的感受加以認知）的例子可以是「穿不上雪褲讓你有點生氣」。請各組跟大家來分享一些他們的點子，再次地把討論的焦點放在孩子可以從解決問題的過程中得到的益處。

7. 請家長們再看一次他們加入在講義：「**學齡前幼兒常面對的問題**」的例子。

</td><td>

狀況一：

您覺得四歲的女兒該在每天上學前練習自己穿外套和鞋子。這樣您就可以用這個時間去準備午餐的便當，也許還可以再喝一杯咖啡。您告訴女兒去穿外套、雪褲和雪靴。十分鐘之後，女兒走進廚房，雪靴左右反穿，外套是穿對了，雪褲則是穿進了一腳，女兒說著：「媽，妳看，都弄不好啦！」

狀況二：

您和三歲的兒子到公園玩，您剛坐下準備看一下報紙，就聽到兒子要您過去幫忙。兒子坐在滑梯一半的地方，盯著滑梯尾端的水灘（昨天的雨所留下的）。

</td></tr>
</table>

在會議結束之前，請家長們以兩人為一組，選取講義中的一個例子來完成下列的陳述：

「下次這個問題在家中出現時，我會……」。

接續的安排

8. 在公告欄上張貼以「孩子會解決的問題！」為主題的表。在這張表上貼些孩子在遭遇和解決問題時的照片。確定你把所有班上的孩子都包含在內，同時將焦點著重於孩子可以從這些情況中學到些什麼。

講 義

學齡前幼兒常面對的問題

- 將花生醬塗在貝果或是麵包上
- 打開餅乾的包裝
- 將吸管插入鋁箔包果汁或飲料
- 打開水龍頭
- 穿鞋子時穿對腳
- 了解要穿雪褲時要先穿或是後穿外套
- 及時吃完早餐去上學
- 騎腳踏車或是乘坐玩具上斜坡
- 幫娃娃或是動物玩偶穿衣服

另一些問題：

講　義

支持孩子解決問題的步驟

1. 對孩子所面對的問題以及孩子的感受加以認知。

2. 鼓勵孩子將問題描述給您聽。

3. 問問孩子有沒有什麼解決問題的方法。

4. 給與孩子足夠的時間去自己解決問題。

5. 當孩子覺得非常挫折或是即將放棄時，提供您的協助。

IV. 成人與幼兒間的互動

▶▶ 家長工作坊的精要資源：理想的教學點子 IV. Copyright © 2000 High/Scope® Educational Re-search Foundation. 本出版社保留所有權益。本出版社允許本書的擁有者在舉行家長工作坊時影印此頁。「High/Scope」的名字以及商標都屬於高瞻出版社所有。

22 對於孩子在公眾場所犯錯覺得宜然

目 標

✓ 有時孩子會在公眾場所說或是做些讓成人覺得不好意思的事，對這些情況加以了解

✓ 檢視成人對孩子行為的反應所傳達出的訊息

✓ 在這些情況裡提供一些可安慰或是支持孩子的意見

材 料

◆ 講義：「你_____，之後我_____。這讓你覺得_____」
「立即的撫慰和支持的策略」

◆ 壁報紙和彩色筆或是投影機

簡 介

1. 告知家長們今晚的焦點將放在一些孩子在公眾場所做或是說的令人不好意思的事情，向家長們說明他們處理這些情況的方法會對孩子有正面或是負面的影響。讓家長們知道今晚你將提供他們一些可以在這些情況中支持或是撫慰孩子的點子，以及一些可以幫助孩子以比較合適的方式來表達感受和觀察的方法。

2. 請家長們回憶一個令人難堪的情況——除了孩子鬧脾氣的情況以外——家長們在超市、診所、車站或是機場所觀察到其他孩子和家長的情形，讓他們慶幸自己不是當事者。請他們向另一位家長們描述當時的狀況。

中心概念

3. 向全體的家長們分享二到三個家長的故事。向家長們強調，所有的家長都會有這樣的經歷；有時他們的孩子所做的事可能讓周遭的成人們無法接受，認知到這個可能會讓家長們覺得不舒服。讓家長們知道接下來的活動會幫助家長們了解他們不同的反應會對孩子造成的影響。

4. 分發講義：「你＿＿＿＿＿，之後我＿＿＿＿＿。**這讓你覺得＿＿＿＿＿**」，請家長們以四到五人為一組，並且請家長們照著講義上的說明來進行活動。請家長們在空白處填入各種可能的反應，即使某些反應就他們個人的觀點來看，可能不合乎一般的規範。

5. 請各組回到大團體中來，討論有哪些家長們的反應可以激發大家傳達了解、耐心，共同解決問題，並同理孩子感受的訊息。

應用上的反思和點子

6. 分發講義「立即的撫慰和支持的策略」。在給與家長們時間閱讀講義之後，請家長們找回他們剛剛在開場活動時的夥伴來進行這項活動。請每一組選取講義中的一項狀況，來練習一些建議的應用策略。

7. 請各組回到大團體中，鼓勵家長們志願分享一些額外的例子。指出家長們所因應的對策可以加強傳達了解、耐心，共同解決問

題，或是同理對方感受的訊息。

接續的安排

8. 給與家長們兩個可以將今晚的訊息加以應用的建議：

◆ 當在公眾場合看到有些家長們以不具支持性的方法來回應他們的孩子時，自己在心裡想想，如果您是當事的家長，可以用哪些其他的方法來面對這個情況。

◆ 想想有哪些策略可以幫助您在這些情況下紓解本身不舒服的感受。例如，在事後以幽默的方式來和另一半、朋友或是您的爸媽一起分享那些幼兒們常會犯的錯誤。

你_____，之後我_____。
這讓你覺得_____

閱讀下列的狀況。在每一個狀況下寫下成人可能經歷的感受，以及在該狀況下成人可能會對孩子的反應。最後，寫下孩子可能從成人的反應中得到的訊息。在每一個情況裡都可能有一個反應是為您所寫的。

狀況一

您帶孩子去參加他朋友的生日宴會。當壽星該吹蠟燭時，您的孩子在壽星還來不及動作之前，就把蠟燭吹滅了。壽星大哭，她的媽媽看著您做出無奈的表情。

家長的感受	家長的反應	傳達給孩子的訊息
難堪，不好意思	抓住孩子說： 「不給你蛋糕吃。」	「你很壞，你不乖」

（承上頁）

| 狀況二 |

您帶孩子去看牙醫，等看診過後，牙醫給您的孩子一支新牙刷和一支鉛筆。在接受牙醫的禮物之後，您的孩子問牙醫：「我可不可以也帶點給我的弟弟？」

家長的感受	家長的反應	傳達給孩子的訊息
不安	「我們可以在回家的路上到店裡去買點給弟弟。」	「不要跟大人要東西」

立即的撫慰和支持的策略

　　閱讀下列的狀況後，選取一個狀況，並且討論所列的策略可以如何應用到狀況中。下列建議的例子可以給您起個頭。

狀況

1. 您帶著三歲的孩子到超市。您的孩子指著站在您身邊的一位女士大聲地說：「媽媽，看那個人好胖喔！」那位女士轉頭對您的孩子說：「沒禮貌的小鬼！」

2. 您邀請幾位朋友到家裡吃晚餐。朋友們帶禮物來給兒子，您那四歲的寶貝在打開禮物之後說：「這玩具是給小 Baby 玩的，我已經上幼稚園了！」

策略

1. 不做反應，先等一等。有時在該狀況中的其他成人會以了解的態度，耐心地來處理孩子的反應，您也許不需要涉入。

2. 自我提醒，不要因為孩子所說或做的讓您不舒服而對孩子大吼大叫，或是故意讓孩子覺得不好受或丟臉。保持冷靜，以實事求是的態度來述說情況：「每個人都不一樣，不一樣的大小、高矮，不一樣的皮膚顏色。」這樣的說法是陳述孩子的觀察，而不是攻擊孩子所講的話。

3. 以孩子可以理解的方法告訴孩子一些社會規範。「你小時候

IV. 成人與幼兒間的互動

（下頁續）

（承上頁）

玩過這樣玩具，可是阿姨和叔叔好心帶禮物給你，你這樣講話會讓他們很難過。」

4. **以比較恰當的方式來為孩子示範一些處理社會情況的方法。** 例如，對超市的那位女士說：「真對不起，我孩子的話傷害到你了！」這樣的示範也許可以為往後關於「談論環境中人和物的恰當時機和方式」的討論開路。

5. **當氣氛緊繃時，僅以描述現況來紓解緊張。** 例如，「你剛剛說的話讓她不高興，然後她說了些話讓你不高興。現在有很多人都覺得有點難過。」

23 協助孩子
解決社會衝突

目　標

✓ 辨識一些常用來解決衝突的方法。

✓ 將社會衝突視爲孩子發展解決問題技巧的機會。

✓ 提供一些策略讓家長們可以用來協助孩子自己解決問題，而不需要替孩子解決問題，或是處罰孩子不成熟的反應。

材　料

◆ 表 23A 和 23B（事先寫在大張的壁報紙上或是投影片上）

◆ 紙和鉛筆或原子筆

◆ 講義：「協助孩子解決與他人間的問題」
　　　　　「應用一些步驟來協助孩子解決與他人間的問題」

◆ 壁報紙和彩色筆或投影機

簡　介

1. 告知家長們，今晚你將和他們一起討論一些常發生在幼兒間的社會衝突。向家長們解釋，你將會提供一些方法，來支持孩子發展一些他們能成熟地解決問題的技巧，例如，他們可將他們自己和

對方的想法列入考量。

2. 請家長們以三到四人爲一
組，展示表 23A，分給每
組一張紙和筆或鉛筆。請
每組選取表中的一個狀
況，以及列出一些可能的
反應，不需要考慮這些是
正向或是負面的反應。

中心概念

3. 請家長們跟大家分享他們
對表 23A 的反應。將他們的分享內容寫在一張大張的壁報紙上，
並且張貼在會場，讓家長們在接下來的活動中能看到這些分享內
容。

4. 告知家長們，你將和他們
一起看一下兩個發生在孩
子間的情況。請家長們回
到他們的小組中，並且討
論孩子對表 23B 可能會有
的反應。再次地請家長們
列下所有可能的反應，即
使是一些讓家長們覺得不
太能接受或是讓人不太舒
服的反應。

5. 請全體家長們一起討論一下成人和孩子間反應的相似和相異之

表 23A －在步驟#2 中使用

狀況一：

堵車堵得屬害，您被堵在大排
長龍的車陣中，好不容易前面
的車剛開始移動，您旁邊的車
子馬上插到您的前方。

狀況二：

您隔壁的鄰居有隻瑞士山犬，
重九十磅。牠常在早上六點時
跑到您的前院在草地上方便。
有天早上因為急著要去上班，
您切過前院的草坪，不巧正踩
到牠的排洩物。

表 23B －在步驟#4 中使用

狀況一：

您剛買了一個電腦遊戲，您的
兩個孩子都想要先玩這個遊
戲，可是您只有一台電腦。

狀況二：

您正在開車，您的兩個孩子坐
在後座，從後視鏡裡，您看到
兩個孩子正同時伸手去拿那個
放在他們兩人之間的玩具。

處。相似處可能包括，生氣的反應（按喇叭、推擠和寫一些難聽的話），或是一些安撫他人的反應（清理狗大便而不對鄰居提起，為了避免打架而放棄玩電腦遊戲）。相異處可能包括，成人間理性的討論（「你的狗早上常到我的院子裡方便，讓我非常困擾，我們能不能討論一下該怎麼辦？」），以及孩子在後座上的尖叫（「我先拿到的」，「不對，是我先拿到的」）。

6. 以指出「在有些情況裡，成人和孩子可能都忘了考量對方的想法和需求，而以不成熟的方式來面對衝突」做為結論。向家長們強調，要在衝突中表現出成熟的行為，可經過練習和經驗來學習。

7. 分發並且一起看一下講義「協助孩子解決與他人間的問題」。向家長們解釋，如果家長們能重複地將這些步驟應用到孩子的衝突中，經過時間和經驗的累積，孩子能發展出一些可以正向解決衝突的技巧。

應用上的反思和點子

8. 分發講義：「應用一些步驟來協助孩子解決與他人間的問題」。請家長們以三到四人為一組，每組依著講義的說明來進行活動。

9. 請各組回到大團體中，大家一起對答案，回答家長的問題或是回應家長們提出的想法。最後，請家長們想想他們可以怎麼應用今晚的資訊來想一個可以取代下面陳述的說法。

◆ 「如果你們不輪流玩玩具，我就把玩具拿回店裡去。」

◆ 「既然你們沒辦法決定誰先拿到玩具，那就由我來決定，數到十就換另一個人玩。」

接續的安排

10.在教室的入口處放個紙箱，在紙箱上貼張「可行／不可行」的標籤，請家長們嘗試使用那些在今晚工作坊中討論的資訊，並且將

結果寫下來丟進紙箱裡。用家長們所分享的資訊來做為未來工作坊的主題。

11. 在學校供家長借閱的圖書資料中增加「支持孩子解決衝突」的錄影帶，並且鼓勵家長借閱。

12. 在公告欄上張貼「解決衝突的步驟」的海報*。

✹ 即使有時由大人來解決爭執可能容易一些，但支持孩子自己解決問題和衝突，可以讓孩子有發展重要互動技巧的機會

*海報（A6R-P1134）可向高瞻出版社購買。

協助孩子解決與他人間的問題

1. 以平靜的態度來面對衝突。當第三者對孩子大吼大叫，硬把孩子分開，只會讓已經非常緊繃的情況更加惡化。

2. 以直接的行動以及讓孩子了解規則，可以停止任何具有傷害性的行為。以堅定的態度，以及實事求是、不帶評判或是責怪的語調來跟孩子說話：「我知道你很生氣，可是我要握住你的手，因為我不能讓你打或是傷害別人。」我們要記得，孩子不同的興趣和個性讓他們在每日的遊戲中產生一些衝突，而他們能建設性地處理強烈情緒的能力正在漸漸成形中。

3. 鼓勵孩子跟起衝突的對方談談衝突的問題。問孩子並且傾聽他們對情況的說明。再次提醒您，以不帶評判的態度來傾聽他們的說明，即使您也許覺得其中一方可能對情況有點過於誇張。您在此的工作是保持中立，並且讓孩子知道您會傾聽各方不同的說法和意見。這個步驟可能會花您一點時間，也需要您的耐心，然而這樣的過程會讓孩子漸漸地擁有主控感，以及能獨立處理困難的情況。

4. 鼓勵孩子為他們的行動負責，並且協助他們了解他們的行動會影響到別人。我們需要記得，幼兒們常常只看到眼前，只從他們的角度來看事情，他們的這些特質可能會增加這個步驟的困難度。然而，在成人的支持之下，幼兒們可以學著解

（下頁續）

（承上頁）

決問題，並且相信成人們會協助他們。幼兒們也會學著去同理和協助他人。

5. 提供一些陳述來化解僵化的爭執。但是在做這個步驟的同時，我們也要小心不要去代替孩子解決問題。試著說：「我注意到當你們在吵架的時候，大家都沒機會玩那個玩具。」而不要只是說：「這裡還有一個玩具可以玩。」

應用一些步驟來協助孩子解決與他人間的問題

　　閱讀下列的陳述。請各組從前一份講義「協助孩子解決與他人間的問題」中選取一個最合用於各狀況的步驟，將步驟的號碼填入空白處。

A. ＿＿＿＿＿當您正在開車，而孩子在後座爭吵時，您可以說：「發生了什麼事啊？你們倆好像都滿生氣的。」

B. ＿＿＿＿＿當兩個孩子在搶一片新的CD-ROM遊戲時，您可以走過去把手放在CD-ROM上，然後坐在他們中間。

C. ＿＿＿＿＿「不要搶CD，如果把CD弄壞，你們就不能玩了。」

D. ＿＿＿＿＿「撞了那麼大一個疱，要用冰塊在上面敷幾分鐘。」

E. ＿＿＿＿＿「你覺得她總是可以先用是因為她比你大。」

協助孩子
面對童年期的失落

24

目 標

✓ 檢視幼兒對於失去熟悉的人、寵物、周遭環境和情況的不同反應。

✓ 提供家長們一些協助幼兒克服這些失落的策略。

材 料

◆ 壁報紙和彩色筆

◆ 講義：「面對新的情況」

　　　　「孩子面對個人失落常有的反應，以及協助他們克服的方法」

簡 介

1. 向家長們說明，今晚的工作坊會將焦點放在童年期的失落（寵物或是親人的死亡、父母離婚或分居、父母的新歡、搬離原來的居住社區）對幼兒的影響。讓家長們知道你將和他們討論一些方法，可以用來協助孩子克服在這些情況下所產生的強烈感受。

2. 請家長們以三到四人為一組，分給每組講義「**面對新的情況**」，
   請家長們對講義中的狀況加以討論，十五分鐘之後，請各組回到
   大團體中來。

中心概念

3. 將大張的壁報紙分成三個部分「
   我最初的感受」、「我第一個反
   應」和「可以撫慰我的事物」。

4. 在這三個欄內寫下各組的回饋，
   不帶評判的眼光，接受各種的答
   案。在第一欄內可能會有的答案
   包括震驚、生氣，和沮喪。在第
   二欄內可能會有的答案包括倒杯
   酒、早點上床睡覺，和跟另一半
   發牢騷。在第三欄內可能列下的
   物品包括租一部搞笑片、買個新
   的咖啡杯，和帶著孩子到新社區
   裡去散步。

☀ 孩子對失落有著不同的反應，
有些孩子會有一些負面的行
為，有些則變得很安靜和退縮

5. 引導全體一起討論，假如今天發
   生的狀況是一位幼兒經歷搬家或
   是家長再婚，他們可能會在這三個欄內有哪些反應。就家長們的
   回應裡，強調成人與孩子反應上的雷同與相異之處。我們大概可
   以預期孩子可能會有和大人相似的感受，但是他們的行為反應可
   能包括尿床、哭鬧的行為有增加的趨向、很難入睡等。

6. 分發講義：「**孩子面對個人失落常有的反應，以及協助他們克服**

的方法」，給家長們幾分鐘的時間看一下講義，然後請他們發表看法，提出回應或是問題。向家長們強調，孩子對變化和失落的了解，與成人並不相同。

應用上的反思和點子

7. 請家長們以比較少的人數為一組，分給每組一張壁報紙和彩色筆，來記錄他們對以下問題的答案：
   - ◆ 列下一些孩子對家中寵物死亡可能有的反應，並且列下三個具體可以用來支持孩子表達他們感受的方法。
   - ◆ 寫下三個可以用來向四歲大的孩子解釋為何要搬到新住處的方式。
8. 請大家一起來討論家長們的答案。

接續的安排

9. 在讓家長借閱的圖書中增加一些關於協助孩子克服失落的書籍和手冊，也可以包括一些故事書，讓家長們可以唸給孩子聽，以及一些資源書來支持家長們度過這段困難期。當地的圖書館員或是精神健康機構都是很好的資源，可以來幫忙列出一系列用來支持家長和孩子的材料。

講 義

面對新的情況

　　閱讀下列的狀況，請組員們一起討論在這些狀況中，您最初可能有的感受（情緒）、第一個反應（行為），和具有撫慰效果的活動。

狀況一

　　您剛剛搬到一個距您成長以及養育五歲和七歲孩子四百哩遠的地方。在您新家的廚房裡堆滿了紙箱，您拆開第一個紙箱時，卻發現您最喜歡的咖啡杯被打破了。

🍀 我最初的感受：

🍀 我的第一個反應：

🍀 能安慰我的事物：

IV.
成人與幼兒間的互動

189

（下頁續）

（承上頁）

狀況二

　　您的母親兩年前去世，她最要好的朋友的先生在您母親去世三個月後也去世了。您的父親剛剛告訴您，他要去向您母親最要好的朋友求婚。您知道他們開始約會，但是您不知道他們有結婚的計畫。您並不喜歡這位女士，也覺得母親剛過世不久，也許父親只是覺得寂寞。父親要您參與婚禮，並且幫他安排婚禮後的餐點。

❧ 我最初的感受：

❧ 我的第一個反應：

❧ 能安慰我的事物：

孩子面對個人失落常有的反應，以及協助他們克服的方法

一般的反應

1. 孩子在面對生活上的改變時，常覺得困惑、生氣、緊張、傷心和／或焦慮。他們可能太小，還不會用語言來表達他們的感受，但是這並不代表他們不曾經歷這些感受。有些孩子可能用一些負面的行為來表達他們的感受，像是用蠟筆在牆上畫畫；原本很高興上學，現在早上到學校時就開始哭鬧；或是晚上尿床以及白天會大便在褲子上等。有些孩子則變得非常地安靜、被動和退縮、不參與日常的作息。

2. 因為孩子對事情的理解有限，幼兒不能像大人一樣了解事情。例如，孩子在三到六歲時，常覺得死亡是件可以回復的事件，或是以為寵物或是人過世只是在睡覺而已。

3. 幼兒可能照字面上的意思來理解大人說的話。如果將離婚解釋成「爸爸去長途旅行了」，孩子可能會想為什麼爸爸不帶他一起去。

4. 孩子常覺得他們說的話和他們的想法會像具有魔力一樣的讓事情發生。預期幼兒可能會覺得是他讓爸爸離開的，因為有次他跟爸爸生氣時說：「我討厭你，你走啦！」您可能需要讓孩子了解，事件的發生並不是他的錯。

IV. 成人與幼兒間的互動

191

（下頁續）

可以協助孩子克服的方法

1. 允許孩子經由遊戲的方式來重新經歷這些經驗及表達他們的感受。可供假裝或是想像的材料——如娃娃、動物玩偶，具表達性的美勞材料——彩色筆和黏土，以及像積木和一些小的人物娃娃之類可供建構的材料，這些材料可讓幼兒們以非語言的方式，來表達他們對失去熟悉事物的感受。在他們玩耍的時候，仔細地觀察一些生氣、困惑、傷心、罪惡感和憂傷的訊號。當這些感受浮現時，認知和描述孩子的感受。

2. 以簡單但是誠實的方式來陳述事物。避免說一些類似此類的話，「托特（狗）只是在睡覺」，或是「爸爸去長途旅行了，過一陣子他就會回來了」。您可以用下列的方式來陳述：「托特死了，他變得很老很老，他的心臟停止跳動了。」

3. 可能的情況下，預備孩子面對改變，可以預防或是減少壓力，藉著問問孩子的想法和意見，可以使改變的過程變得容易一些。例如，如果孩子的好朋友要搬走了，跟孩子一起倒數日期，以及問問孩子的想法，看他們可以如何安排最後幾天在一起的時間（租部喜歡的片子一起吃爆米花和看電影，到特別的公園逛逛，或是畫張畫讓要搬走的孩子帶走）。

4. 盡量用比較具體的方法來保持溝通管道的暢通，讓想談的孩子能談談那些已過世的人或物。一起看看那些去世的家庭寵物的照片、搬出去的家長的照片，以及聽聽孩子的想法或是回應。去一些你們過去一起去的地方（一個喜歡的餐廳、跟狗一起丟飛盤的公園），以及以平常聊天的方式來進行對話，

（下頁續）

（承上頁）

如：「還記得我們那天在這裡吃飯，爸爸撞倒他的杯子，整杯水都流到他的食物裡了？」如果您的孩子對這樣的談話有興趣，您可以繼續這類的談話。

5. **對孩子的感受充滿愛心和回應，但是別將您自己的心情投射到孩子的身上。**認知到這些重大事件發生在孩子的生活裡，但是不要去假設他們的感受。

6. **如果需要，為孩子的行為設下恰當的限度，並且提供一些社會上能接受的方式來讓孩子表達他們的感受。**「我知道你對爸爸離開覺得很沮喪，可是用蠟筆在牆上畫畫很難洗掉。你可以用大張的紙來畫畫或是寫字。」

IV. 成人與幼兒間的互動

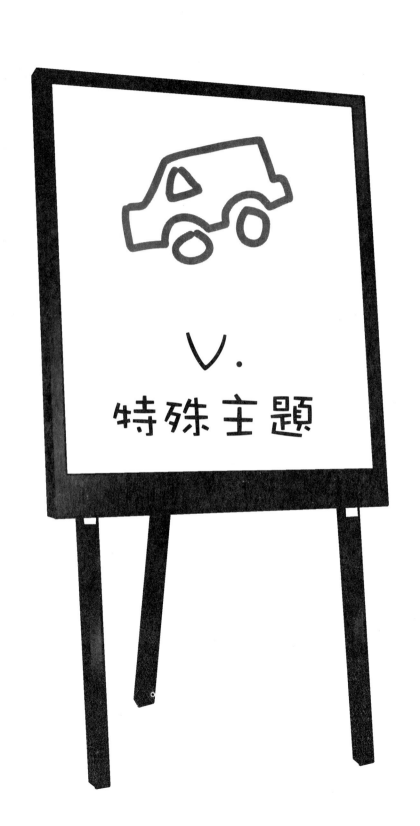

V.

特殊主題

25 帶孩子外出旅遊

目 標

✓ 協助家長們了解成人和孩子的旅遊需求及興趣並不相同。

✓ 協助家長們在旅遊時平衡他們自己的以及孩子的需求。

材 料

◆ 講義：「與幼兒一同旅遊」

　　　　「四分五裂的旅遊計畫」

　　　　「渡假計畫」

簡 介

1. 向家長們說明，你將會和他們一起討論如何計畫家庭旅遊，不但能符合成人的興趣和需求，也能顧及孩子的。

開場活動

2. 請家長們以二到三人為一組，分享一些他們在孩童時期與家人一起旅遊的正面回憶。

3. 將家長們分享的回憶重點記錄在紙上。一般可預期的回答如，有

較多與家人相處的時間、晚上熬夜、吃很多的垃圾食品、得到新玩具、在休息站將錢投入糖果機中、在車裡唱歌、做新鮮的事、買紀念品。

中心概念

4. 請各組回到大團體中，讓家長們討論他們現階段的旅遊重點和興趣，並且指出他們現階段與孩童期對旅遊的不同觀點。向家長們說明，由於家長們和孩子對旅遊有不同的需求，因此旅遊上的安排常需要做些妥協。例如，由於孩子在身邊，家長們也許無法在旅途中享受讀本小說的樂趣，這時可以閱讀短篇的雜誌文章來取代。

5. 分發講義：「**與幼兒一同旅遊**」，並且請家長們在小組中閱讀這份講義。請家長們在小組中討論有哪些要點也許可以用在他們過去的旅遊上，或是對日後的旅遊計畫有幫助。並且請各組跟大家來分享一些他們的討論。

應用上的反思和點子

6. 到各組分發講義：「**四分五裂的旅遊計畫**」，以及請家長們依著講義上的說明將答案填入。然後，請各組討論出一些他們想與全體分享的建議。

接續的安排

7. 讓家長們帶講義：「**渡假計畫**」回家，並且請他們在下個即將到來的旅遊之前，填寫這份講義。請家長們在使用這份講義之後，與你分享。

8. 組合幾組的背包或是道具箱，讓家長們在下次旅遊前借用。背包或是道具箱裡的材料包括：紙和彩色筆、小盒的黏土、捐贈的相

機和望遠鏡，和一些故事書及玩偶。準備好一張借條讓家長們借用時填寫，並且在家長們歸還之後填補一些消耗用品。

9. 準備一個有各地簡介和地圖的資料夾——特別是一些當地或是鄰近旅遊地點，或是有些家長們成功地帶孩子去旅遊過的地方。這些資源可以給正在籌畫旅遊的家長們一些「試過可用」的點子。

10. 在公告欄上提供一個地方，讓家長們可以張貼或是填寫他們最富回憶的一次家庭渡假。

與幼兒一同旅遊

考量要點

1. 幼兒以具體的方式來思考事情。對您而言，露營是個運動、呼吸新鮮空氣和遠離電話、電視及忙碌工作腳步的好機會。然而，幼兒們可能將焦點放在探索一些有興趣的東西，例如樹枝、石頭和營火上。

2. 幼兒還在一個比較自我中心的階段，在思考上他們常常很難超越這個限制。對您而言，開四個小時的車去參觀一個國家級的紀念碑是非常具有意義的事，但是不要期望孩子能體會您對這個參觀定點的歷史意義，或是要他們一路上保持安靜並乖乖坐在車內。

3. 幼兒需要對他們周遭的環境有些掌控感。固定的作息會讓幼兒覺得他們能對周邊發生的事物有些掌控，所以任何作息上的變動都可能造成他們的沮喪。因此，當您正慶幸一週不需受到電話或是電視的干擾，您的孩子卻對此覺得很難習慣，您也不需覺得驚訝——尤其是在您的孩子習慣在上床前看錄影帶或是在您煮飯時玩點電腦遊戲時。

訣竅

1. 幫助您的孩子了解一些旅遊中會經歷的情況，您也可以事先

（下頁續）

（承上頁）

和他們一起假裝扮演這些狀況。例如，在家中後院搭帳蓬來
幫助孩子為即將到來的露營做準備。在後院露營時，使用燈
籠、露營用的爐子和睡袋，都會幫助孩子了解及熟悉他們在
露營時會有的經歷。此外，在露營之旅過後，孩子也可能會
再次地重演旅遊的過程；對他們這樣的行為加以鼓勵。

2. 計畫一些方式讓孩子可以盡可能地主動參與在旅遊中。請孩
子選一些他們想帶去的玩具和故事書。如果您是開車旅遊，
在旅途中計畫一些讓孩子可以做肢體活動的中間休息時間，
例如玩球、丟飛盤，或是到餐廳用餐前在休息區走走。

3. 盡可能地維持孩子熟悉的作息，並且允許孩子對您的計畫表
示意見。例如，活動的計畫要盡量地避開孩子的正常吃飯或
是睡覺的時間，並且讓孩子從您建議的幾個用餐地點中選一
個，或是從您所準備的幾個露營餐中選一個先煮。

4. 當某些安排的活動對您而言具有重要性，想想有哪些方法可
以引起孩子的興趣。如果參觀紀念碑是計畫中的活動，到達
該處之後，您可以給孩子一個塑膠製的望遠鏡，或是讓他們
用紙捲筒做個望遠鏡。孩子對望遠鏡的興趣可以讓您享有一
些不受干擾的參觀時間。

V.
特殊主題

四分五裂的旅遊計畫

　　閱讀下列的兩個狀況，就每一個狀況討論並寫下孩子的興趣、他們發展中的能力或是成人的期望如何彼此干擾整個情況。對每一個狀況提出一個解決對策。

狀況一

　　您決定要帶四歲和六歲的孩子到迪士尼樂園去渡三天的假，第一天之後，您就想要取消剩下的行程。您那六歲大的孩子表現得還可以，可是四歲的兒子可就不行了，每次迪士尼的那些玩偶走近，他就抱著您的大腿哭。雲霄飛車把他嚇得要命，他也不喜歡您中餐買的熱狗，因為它嘗起來跟家裡的不一樣。除此之外，他在推車上睡了一個小時的午覺（雖然他已經六個月不曾睡午覺了！）這讓整個行程進行得有點困難，因為您那六歲大的孩子到處都想去，什麼都想看。

⚘ 討論要點：

⚘ 可能的解決方法：

（下頁續）

（承上頁）

狀況二

　　您決定帶孩子回娘家渡假一週。為避免開六百哩的車，您決定坐飛機。您的三歲女兒對飛機場感到非常的好奇，特別是那個會動的走道和可以看飛機起降的落地窗。您特別把起飛的時間安排在女兒的午睡時間，所以一等您入座之後，女兒就睡著了。因為只預期九十分鐘的飛行時間，因此您只帶了本小說、女兒的推車、她喜歡的故事書、玩偶和毯子。在您上機十分鐘後，機長廣播，由於機械上的問題，起飛的時間將會有些延後，請大家在座位上耐心等待進一步的消息。三個小時後，您才到達目的地，您和女兒又餓又累，而且都非常地煩躁。

🍀 **討論的重點：**

🍀 **可能解決的方法：**

V.
特殊主題

渡假計畫

孩子的名字：

列出三件孩子最感興趣的事物：

安排兩個可以在車上、飛機上或是火車上滿足這些興趣的方法：

列出一樣在這次旅遊中您不想錯過的事情：

安排兩個可滿足您的興趣同時又可以滿足孩子發展上的需要的方法：

26 開放式的玩具比需要電池的玩具好嗎？

目　標

✓ 檢視各種不同玩具的價值。

✓ 提供家長們一些評價學前孩子玩具的原則。

材　料

◆ 各種開放式的玩具，像是可在桌上堆的小型積木、娃娃和動物玩偶；紙和書寫工具；石頭、鵝卵石、岩石和紙杯；不同形狀的紙杯；繩子；球和外出的衣服

◆ 各種要用電池的玩具，像是電動玩具、車子、手電筒，英文字母和數字遊戲，錄音機和錄音帶

◆ 紙和鉛筆

◆ 壁報紙和彩色筆或是投影機

◆ 大張的壁報紙分成兩欄，四到五位家長一組，分給每組一張壁報紙

◆ 講義：「買玩具時該考慮的問題」

◆ 一些需要電池的玩具的照片以及一些開放式玩具的照片（可從報紙或是目錄剪下）

V.
特殊主題

◆ 黏膠或是膠帶

1. 向家長們說明，今晚你將就不同的玩具所呈現給孩子的學習機會，來做比較。讓家長們知道，你也會提供給他們一些為孩子選擇玩具時須考慮的要素。

開場活動

2. 請家長們五到六人為一組，給每組一張大張的壁報紙和一支彩色筆。請各組的家長們互相描述他們小時候所喜歡玩的玩具，並且記錄在壁報紙上。

3. 請各組回到大團體中來，看看每組所列的玩具。然後請各組的家長們討論他們的孩子所喜歡的玩具，並且記錄在另一張紙上。比較這兩張表，特別注意一下那些需要使用電池或是插電玩具的數目。

中心概念

4. 請家長們回到小組裡，各組選一個記錄，簡要的描述家長們在進行步驟#5 所做的事。給與幾個他們可能觀察到的例子，例如把鵝卵石排成一列、把錄音機的電池拿出來，或是說：「哇！手電筒耶！如果是晚上我們就可以玩抓鬼了！」將紙和筆分給各組的記錄員。

5. 給各組一袋列在材料中的玩具，有些組分到開放式的玩具，有些組則分到需要用電池的玩具。給家長們十分鐘讓他們自由的使用這些材料，提醒各組的記錄員簡要地記下其他組員如何使用或是談論這些材料。

6. 請各組回到大團體中，並且請各組的記錄員唸出他們對其他組員

玩弄玩具時的觀察。當他們唸出他們的觀察時，你可以重要經驗或是課程目標的方式來記錄，例如，如果某組的記錄員報告有位家長將手電筒的光投射到地板、天花板、前後上下的牆上，你可以記下「在不同的教室空間裡經歷光的投射」。如果某位記錄員說：「將鵝卵石放在一個杯子裡，岩石放在另一個杯子。」你可以寫下「將材料分類」。

7. 以「如果能以創造性、探索式和解決問題的方式來玩開放式和要用電池的玩具，兩者都能為孩子提供一些學習的機會」來做結論。藉著觀察孩子玩耍的行為，可以讓家長們對玩具的價值和有用性有進一步的了解，同時，他們也可以鼓勵孩子接觸各類的玩具。

☀ 提供各種不同種類的玩具——開放式的和要用電池的——如此將為孩子提供更多玩耍的可能性

8. 分發講義：「**買玩具時該考慮的問題**」。請家長們以四到五人為一組，發給每組一張含兩個欄位的壁報紙，請家長們在一個欄位的上方貼張開放式玩具的照片，在另一個欄位的上方貼張需要用電池玩具的照片。請家長們將講義上的問題應用到這兩種玩具上，並且將他們的答案記錄到相對應的欄位內。給家長們時間，讓他們可以去看看別組的答案。

接續的安排

9. 在公告欄上展示另一些玩具的廣告，鼓勵家長們以填入下列的句型來回應：「我會買這樣玩具，因為＿＿＿＿」和「我不會買這樣玩具，因為＿＿＿＿」。

買玩具時該考慮的問題

1. 這樣玩具能吸引我的孩子的原因（如果您為別的孩子買玩具，述說為什麼這樣玩具能吸引那位孩子的原因）？

2. 列下數種可以使用這樣玩具的方法。

3. 這樣玩具提供哪些學習的機會？

4. 這樣玩具的安全和耐用性如何？

27 以正向的眼光來看待孩子

目 標

✓ 協助家長們了解以負面字眼來標記孩子所造成的影響。

✓ 向家長介紹一些他們可用來取代負面標記的正向描述字眼。

✓ 提供家長們以正向的眼光來談論孩子的機會。

材 料

◆ 壁報紙和彩色筆或是投影機

◆ 爲各組準備一袋材料，每袋裡包括報紙、膠帶、吸管、牙籤和一個高爾夫球

◆ 兩疊檢索卡（參看開場活動），來指定每位與會人員一個扮演的角色

◆ 講義：「正向的遠景：一個不同的觀點」

簡 介

1. 向家長們說明今晚的焦點將著重於，以正向的眼光來看待和描述孩子行爲的重要性。

2. 請家長們以四到五人為一組。給每組一袋材料（參考材料），並且請家長們以袋中的材料來建構一個夠堅固、能夠讓高爾夫球滾過而不會倒的橋。讓家長們知道他們有兩次建構的機會。在他們開始之前，指定每一位組員在活動中扮演的角色，並請組員們不要告訴其他組員他們所扮演的角色，直到完成兩次的建構。將每一個角色的定義寫在一張檢索卡上。這些角色如下：

A. 表現出蠻橫霸道：告訴其他組員您的想法以及這些想法為何可行

B. 表現出注意力不集中：只是玩弄材料而不幫忙建構

C. 表現出害羞的樣子：只有在其他組員請您做事時才參與

D. 表現出困惑的樣子：問其他的組員為何他們這樣做或是那樣做？好像您一點都不理解的樣子

E. 表現出吹毛求疵的樣子：找出別人想法的瑕疵點，並且說明他們想法行不通的理由

3. 請家長們重新分組。重複這項活動，並且指定每位組員一個下列的角色。確定給每位家長的卡片，代號跟剛剛一樣，例如，如果某位家長在第一輪的活動中扮演「A.表現出蠻橫霸道」，則在第二輪的活動中，這位家長也會得到一張扮演角色 A 的卡片。這些角色如下：

A. 表現出領導者的樣子：建議一些點子，並且解釋為何您覺得這些點子可行

B. 表現出具有創造性的樣子：以創新和不同的方式來使用袋中的材料

C. 表現出留心觀察的樣子：依著別人的要求來參與

D.表現出思考型的樣子：向其他的組員詢問他們正在做什麼

E.表現出問題解決者的樣子：對其他組員的做法提出問題，並且解釋為什麼他們的做法可能行不通的理由

☀ 這個工作坊裡的開場活動，是向家長們展示正面和負面的字眼會如何影響他們對自己和他人的看法

中心概念

4. 請各組回到大團體中，請家長們比較他們剛剛所扮演的兩個角色，向他們強調不同的標記對個人及團體造成的影響。在一張壁報紙上寫下家長們所分享的想法。

5. 協助家長們將他們在步驟#4 中的反應，與孩子被成人以負面字眼描述可能有的感受連結。鼓勵家長們回答以下的問題：「如果你的孩子聽到大人說他們很霸道、好動、害羞、笨或是喜歡哭鬧，可能會有哪些感受呢？」

6. 分發講義「正向的遠景：一個不同的觀點」，請家長們以三到四人為一組，依著講義的說明來完成這份講義的活動。等他們完成之後，請各組回到大團體中，針對家長們的想法或擔憂做回應。

7. 請家長們以兩人爲一組,最好是能與他們的另一半成爲一組,請他們回想他們的孩子被以負面描述的情形。請家長與另一半討論這些情況,並且腦力激盪一下,看如何能用比較正面的字眼來描述孩子。

8. 在離開之前,請家長們從講義後端的字裡選一個可以用在他們孩子身上比較正向的字眼。請家長們在這一星期中,都用這個字眼來看待他們孩子的行爲。

接續的安排

9. 在接下來的那一個星期裡,請家長們簡要地描述這些對孩子比較正向的標記,對他們看待孩子有怎麼樣的影響。將家長們的回應張貼在公告欄上。

正向的遠景：一個不同的觀點

　　閱讀下列的狀況，將那些帶有成人對孩子的偏見以及那些會限制孩子相信自己能力和長處的字句圈起來。以正向描述孩子長處的字句來取代那些負面的字眼。在這份講義的最後，有一系列帶有正面意義的字句可供您參考。

狀況

　　一位幼兒園的老師對來接孩子的家長說：「她玩起來有點像男孩子，一般女孩子都比較秀氣一點。」

　　有位家長對他的孩子在教堂禮拜中的行為有點擔心，他孩子的小兒科醫生對他說：「你需要了解他就是過動，你不能期望他像大人一樣長時間的坐著。」（譯者註：美國有些家庭星期天會帶孩子上教堂做禮拜。）

　　一位家長對他兒子的托兒所老師說：「你要盯著他一下，他在家老是搶他妹妹的玩具，他媽媽和我都擔心他會在學校裡打年紀小的孩子。」

　　在圖書館擁擠的電梯裡，一位陌生人對一位家長說：「哇！你的寶寶真是會抱怨和哭鬧啊！照顧他很不容易吧！」

　　幼兒園的老師在早上的大團體時間對所有的孩子說：「你們看看芭麗雅娜坐得多安靜、多有禮貌啊！她讓我覺得她已經準備好可以去上幼稚園了！」（譯者註：美國的學制，五歲以前是學

（下頁續）

（承上頁）

前教育，五歲開始孩子可以去上幼稚園，六歲上小學一年級。雖然不是強制所有人都需要上幼稚園，但因為它被列在公立學校的體制內，一般人是以比較正式的教育來看待幼稚園。）

一些正面的描述字句可供你用來做為取代之用

- 仔細的傾聽者
- 小心的觀察者
- 問題解決者
- 在肢體上非常地活躍
- 冒險者
- 滿有熱忱
- 具堅持度
- 很會用語言來表達
- 非常好奇
- 注意到別人
- 表達強烈的情緒
- **另一些正面描述的字句**

V.
特殊主題

規則：是不能變動的或是可以在家中開放來討論的呢？

28

目 標

✓ 討論規則以及家長們設定這些規則的理由。

✓ 在家中建立能讓所有家人了解的規則之原則。

材 料

◆ 7.5cm × 12.7cm 的檢索卡，份量夠每一位家長能有一張

◆ 壁報紙和彩色筆

◆ 講義：「對規則的再思考」

◆ 表 28A（事先寫在大張的壁報紙或是投影片上）

簡 介

1. 向家長們說明，今晚你將和他們一起看一下如何能讓家中的規則使用起來非常平順，並且你也會提供一些建立幼兒能了解而又具真實性規則的原則。

開場活動

2. 給每位家長一張 7.5cm × 12.7cm 的檢索卡，請家長們在檢索卡

上寫下他們聽到規則時所想到的兩個詞彙。將這些卡片收集在一起。

3. 請家長們以三到四人為一組，分給每組兩張檢索卡、一張壁報紙和一支彩色筆或簽字筆。請各組討論他們所分到的卡片上面寫的字，並且討論一下要如何定義這些字詞，將所有組員所同意的定義寫在壁報紙上，然後張貼在其他組也能看到的地方。你可預期看到如下的陳述：規則可以幫助孩子預期會發生的事；規則可教導孩子對領導者有所尊敬；規則可教導孩子對和錯；規則可鼓勵孩子去想辦法破壞規則；規則可維持孩子的安全。

中心概念

4. 摘要家長們所寫下的定義，如果在步驟#3 中的例子並未出現，你也可以使用這些例子。向家長們指出，在一般的想法裡，規則可用來建立權威和鼓勵孩子聽話。向家長們說明，你將鼓勵家長們以不同的觀點來看看規則。

5. 分發講義「**對規則的再思考**」，請家長們以兩人為一組，照著講義上的說明來進行活動。

6. 請各組回到大團體中，並且給與家長們以下的定義：規則是一個維持孩子以及家庭中其他成員們安全及健康的原則。這類的原則需以孩子可以了解的方式來向孩子呈現，同時你需要記得，孩子常常無法將一個情況裡所用的規則應用到另一個情況裡。之後，將工作坊的焦點放在家長們對講義：「**對規則的再思考**」中第四個問題的回答上。

7. 展示表 28A「建立規則的原則」。當你和家長們一起看表中的要項時，記得要提供一些實際的例子來釐清各個要點。

應用上的反思和點子

8. 請家長們以三到四人為一組，請各組的家長們想出一個在他們所有人的家庭中都想建立的規則，以及他們如何將表 28A 中的各項原則應用到這個規則上。例如，如果這項規則是「一天裡可以吃兩樣甜食」，他們可以將表中的原則如此應用：

◆ **邀請孩子參與訂定規則的過程**：詢問孩子在一天中的什麼時間是他們覺得最適合吃這兩項甜食的。

◆ **清楚並且以正向的態度來說明所定的規則，提供簡單的例子來幫助孩子了解**：「你一天可以吃兩樣甜食，這樣你仍會有點餓可以吃點別種比較健康的食物，這些食物會幫助你成長得更好。」

◆ **示範那些你想要培養的行為**：試範健康的飲食習慣，限制自己對甜食的攝取。經常地強調規則的限定，「你今天已經吃過兩樣甜食，接下來你要吃些健康點的東西了。」

◆ **運用自然產生的結果來避免處罰**：當規則被破壞時，表示你對身體健康的關心，而不要禁止孩子一個星期都不能吃甜食。告

表 28A－在步驟#8 中使用

建立規則的原則

- 盡量減少規則
- 可能的情況下，邀請孩子們一起定規則
- 以清楚且正向的態度來說明規則，同時提供簡單的例子來解釋
- 以行動來示範您想在孩子們身上看到的行為
- 經常地提醒孩子們規則的限定
- 允許孩子們經驗他們行為所自然產生的後果，而不要去處罰他們負面的行為

訴你的孩子，如果他繼續吃這些垃圾食物，可能會發生什麼樣的情況，例如，可能會讓他覺得很暴躁、有蛀牙或是讓他過重。

9. 請各組分享一項他們想出的規則和原則。

接續的安排

10.家長們可以自己進行或是找另一位家長一起進行。請他們寫下正在家中強調的規則，並且從中選出兩項規則是他們覺得可以運用今晚的訊息來將這兩項規則加以改善的。請家長們利用學校的公告欄來跟大家分享他們在家中應用新規則的情況和結果。

對規則的再思考

　　想想您小時候家中的規則，將一項當時的規則填寫在「童年時家中的規則」下的空白處。當您和您的組員都寫完童年時家中的規則時，請一起討論和回答接下來的問題。

童年時家中的規則：

1. 想想當時家人定規則是為了要完成什麼？

2. 這項規則是為了要避免哪些危險嗎？

3. 您記得小時候的這項規則之所以建立的原因嗎？

4. 以成人的眼光來看，您覺得您的家人可以做哪些的修正，也許這項規則就沒有存在的必要了？（例如，也許可以將晚餐的時間提前或是延後，如此不但可以避開孩子特別喜歡的一個電視節目的時間，也不需要禁止孩子一邊看電視一邊吃飯了。）

29 呈現聯合陣線：
家長間的合作

目　標

✓ 討論家長間的合作在教養孩子上的重要性。

✓ 比較不同的教養孩子的方式——可以協商的和不能協商的教養方式。

✓ 提供關於有效的溝通技巧的訊息，並且提供機會讓家長們針對孩子教養的問題來練習應用這些技巧。

材　料

◆ 壁報紙和彩色筆（或簽字筆）或是投影片

◆ 講義：「**智力測驗**」

　　　　「**不能協商和可以協商的不同教養方式**」

　　　　「**祕訣：有效地與您的另一半溝通教養孩子的問題**」

◆ 智力測驗的答案紙（也為領會的老師準備一份）

簡　介

1. 告知家長們，今晚你將和他們一起探索有哪些方法可以讓他們和家中其他跟教養孩子有關的人員一起有效的合作。

2. 請家長們以三到四人為一組,一起完成講義「**智力測驗**」。請全體一起來看一下這項活動,並且請家長們分享他們剛剛如何一起工作,好讓這項活動能很快的完成。在壁報紙或是投影片上記錄家長們的答案,有些家長可能會提到下列的答案:「我們彼此支持一起做,沒有人需要孤軍奮鬥」,「每個人都提出他的想法」,「我們對不同的答案提出討論,最後決定一個大家都能接受的答案」,「我們了解有些人對某些事比較在行」,「一起做讓大家都有參與感」。

中心概念

3. 向家長們解釋,團隊工作可以對很多不同的情況有所幫助──包括教養孩子。了解到家長們並不都對教養孩子的問題有同樣的看法,你需要鼓勵家長們一起面對和解決這些問題,並且經歷分享教養經驗的回饋。

4. 分發講義:「**不能協商和可以協商的不同教養方式**」,向家長們指出講義上所呈現的一些問題,可能會引起家長間不同的意見。有些家長們可能覺得某一個教養孩子的方式是由大人來設定,孩子沒有選擇的機會;面對同一個教養問題,另一些家長們可能覺得是可以加以協商的──他們可能會允許孩子在大人設定的一些規範下做選擇。

5. 請大家一起來看一下這份講義上的前兩個問題(睡前的作息和飲食),並且提供一個可以協商和一個不能協商的教養方式的例子。以不能協商的睡前作息為例:晚上八點熄燈上床;可以協商的教養方式:上床時間仍定在晚上八點,可是允許孩子選擇睡前要看的故事書,以及決定他們要或是不要自己熄燈。

6. 請家長們回到他們之前的小組中，繼續討論講義中接下來的問題。在他們填完講義中其他的欄位之後，請家長們跟大家分享他們的結論。

7. 讓家長們知道，你了解有些教養的問題非常棘手，有時很難讓夫妻間或是其他參與教養的成人間達成共識。向家長們說明，你將提供他們一些技巧以協助他們打開溝通管道，以及享有團隊工作中的滿足感。分發講義：「**祕訣：有效地與您的另一半溝通教養孩子的問題**」，當你在分享資訊時，要提供一些讓家長們發表意見和問問題的空檔。

應用上的反思和點子

8. 請家長們與他們一起來參加今晚工作坊的親友們成為一組。請他們從講義：「**不能協商和可以協商的不同教養方式**」中選取一個對他們而言重要的問題來練習，並且運用講義：「**祕訣：有效地與您的另一半溝通教養孩子的問題**」中的溝通原則來解決問題。每一個家庭需要想出一個大家都願意嘗試的對策。

接續的安排

9. 將家長們在步驟#4 中的答案張貼在教室裡，讓家長們有機會可以再看看那些家長們提出可以協商教養方式的建議。請每一個家庭從表中選取一個未曾想過但願意嘗試的點子來運用。

V.
特殊主題

智力測驗

對下面的字組加以解碼，看看其中隱藏了哪些意思。

1.球　　　式 打 混 網　　　雙	2. 分／秒 分／秒	3. 啾啾啾 嗡嗡嗡	4. 1/4 1/4 1/4 1/4
5. 手 手手 手 甲板	6. E 於　等 mc2	7. 揮手	8. →　←　 矛　　　盾
9. 磨鐵杵	10. 以眼還眼	11. 晴時多雲	12. 蕃茄
13. 頭　　肩膀 手身體腿 腳 腳踝 腳趾	14. 下 上	15. 機　〇　會	16. 結束 ↑

（譯者註：原文範例取自 *Still More Games Trainers Play: Experiential Learning Exercises* (p.131), by Edward E. Scannell and John W. Newstrom, 1994, New York: McGraw-Hill, Inc. Copyright © 1994 McGraw-Hill Companies. Reprinted with permission. 有些謎題直接翻譯對中文讀者不具意義，因此譯者參考原文範例加以改寫。）

不能協商和可以協商的
不同教養方式

孩子教養的問題　　不能協商的教養方式　　可以協商的教養方式

睡前的作息

飲食

教養和懲誡

收拾玩具

（下頁續）

（承上頁）

回嘴

家庭遠足

看電視

其他：

理想的教學點子 IV

祕訣：有效地與您的另一半溝通教養孩子的問題

1. 當孩子不在現場時，撥出一些時間來討論孩子教養的問題。

如果成人們在教養計畫上能達成協議，可以減少孩子的困惑，執行起來也比較有一致性。例如：女兒向您提到爸爸送她上床之後總是記得幫她把燈插上，而您卻常常忘記。您和另一半同意女兒在上床後可以打開床旁的小燈。經由如此一致性的決定，女兒能預期可發生的事，而不必因為不同人送她上床睡覺而有不同的作息。

2. 當與孩子分享訊息時，以誠實的態度和較確切的字句與行為來描述真實的情況。例如：「前幾天晚上兩點的時候，珍妮開始哭，因為她覺得房間太暗了。」

3. 避免用一些會引起您的另一半憎恨、傷心或是採取防禦姿態的字眼。例如，像是說：「媽媽告訴你要把飯吃完才能吃甜點，並不代表你就一定要把飯吃完。」容易引起仇視和分裂，並且會把焦點從原有的問題上移開（處理孩子吃甜食的問題），記得運用秘訣#1，來避免造成孩子的困惑。

4. 仔細傾聽對方的觀點和擔憂，向對方陳述您所聽到的訊息，看看您所詮釋的是否正確。運用這樣的陳述做為辨識一些解決方法的起點。例如：「你很費心要幫助我們的寶貝在吃東西方面做正確健康的選擇，我也希望他吃的健康，可是我並

（下頁續）

（承上頁）

不想給他太多的限制。」

5. 當你們在達成協議方面有困難時，先把問題暫時放在一邊。
回想一下過去你們曾成功處理的一些教養問題，這樣的回想
也許能夠提供你們在面對目前的問題上一些新的想法，或是
僅僅讓你們更確定目前的處理方向。例如，在討論了很久之
後，您和另一半仍然無法對兒子的飲食問題達成共識。在你
倆回想過去在處理兒子小時候吃得到處都是的問題時，你們
曾決定每次給與小份量的食物，直到兒子不會再吃得滿地都
是為止。因此對於那些不太具有營養價值的食物，你們倆決
定每次給兒子少量但允許增加他要的次數。

▶▶家長工作坊的精要資源：理想的教學點子 IV. Copyright © 2000 High/Scope® Educational Research Foundation. 本出版社保留所有權益。本出版社允許本書的擁有者在舉行家長工作坊時影印此頁。「High/Scope」的名字以及商標都屬於高瞻出版社所有。

講 義

 智力測驗的答案

1. 混式網球雙打

2. 分秒之間

3. 小鳥和蜜蜂

4. 四分衛

5. 手在甲板上

6. $E=mc^2$

7. 再見

8. 自相矛盾

9. 繡花針

10. 兩個黑眼圈

11. 陣雨

12. 炒蛋

13. 頭和肩膀在其他之上

14. 上下顛倒

15. 外面的機會

16. 結束的開始

V.
特殊主題

30 當別人批評您的孩子

目 標

✓ 檢視某些情況裡孩子會受到與家長們不同教養理念成人的批評。

✓ 跟家長們討論，他們在這些情況下如何能有效的撫慰孩子，又能與對方溝通他們的教養理念。

材 料

◆ 壁報紙和彩色筆（簽字筆）或是投影片

◆ 講義：「撫慰孩子的策略」

「如何決定何時介入，以及要說些什麼？」

簡 介

1. 告知家長們今晚的討論將涉及一些孩子的行為被另一位成人（如：祖父母、鄰居、陌生人等與您有不同教養理念的人）批評的情況。在這些情況裡，孩子可能因為受到批評而覺得困惑或沮喪，這樣的情況可能讓您覺得需要保護孩子，而對批評的成人感到生氣。向家長們說明，今晚的工作坊將會把焦點放在能撫慰孩子，而又能與對方溝通理念的方法上。

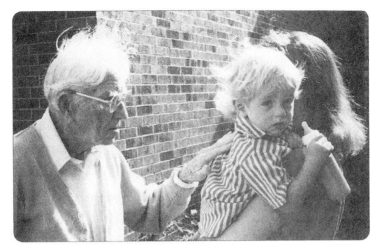

☀ 家中的親朋好友不見得都同意您的教養理念,這些互相衝突的期望可能會造成孩子的困惑,需要將焦點著重在提升成人的合作上

開場活動

2. 家長們以二到三人為一組,請組員們分享一個他們的親友、鄰居或是孩子的老師,與他們有不同看法的教養問題。這些例子可能包括准許孩子能吃的食物、上教堂時孩子的衣著、餐桌禮儀、斷奶嘴的年齡、是否准許孩子在後院裸泳,以及如何處理孩子在超市發脾氣的情況。請家長們以對方所說的字眼來敘述那些他們或是他們的孩子所受到的批評。這些批評可能包括:「這麼大了還吃奶嘴,會弄壞牙齒的!」「整個夏天你都讓孩子脫光到處跑嗎?」「嘿,我那大兒子有雙滿好的鞋能在正式場合穿,你的兒子可能穿得下。」

3. 請各組回到大團體中,基於家長們在步驟#2的討論做出兩張表。第一張表,列出家長指出的一些造成他們和他們孩子壓力的問題。在第二張表寫下一些家長們所受到與第一張表中問題相關的評論,或是一些非語言但具評判性的訊息。

4. 讓家長們知道，你了解表中所列的是所有家庭在與他們周遭的人對教養孩子的理念不同時，都有可能會遭遇到的棘手問題。例如，在超市裡為孩子吸大姆指與一位陌生人溝通，跟為了孩子還在吃奶嘴與祖父母或是學校老師溝通是一樣重要的。

5. 在家長們指出哪些問題在他們生活中造成比較大的困擾之後，分發講義：「撫慰孩子的策略」。請大家一起看一下講義中的要點，並且鼓勵家長們發表他們的想法或是提出問題。

應用上的反思和點子

6. 分發講義：「如何決定何時介入，以及要說些什麼？」請家長們回到他們剛剛的小組中，並且依著講義中的說明來進行活動，在他們進行完活動之後，請各組跟大家來分享他們的想法。

接續的安排

7. 請家長們利用學校的公告欄來和其他的家長們分享，在哪些情況下，他們覺得該站出來為自己的孩子說說話，以及在哪些情況中他們成功地如此做了。

撫慰孩子的策略

1. 當他人對那些棘手的問題表達他們的想法時，仔細地觀察您孩子的反應。用這些觀察來幫助您決定接下來您和您的家庭成員要做些什麼？例如，如果女兒因為吃奶嘴而受到另一位成人的批評時，她把頭埋進您的懷裡，您可能只需要抱抱她或是拍拍她的背。

2. 如果另一位成人在孩子面前表達負面的意見，或是直接對孩子說話時，您需要公平的呈現所有的觀點。不需要去評斷誰對誰錯，好或是不好——將焦點集中在不同人可能會有不同的觀點上。例如，您可以說：「奶奶覺得奶嘴是給小 Baby 吃的，可是有些大一點的孩子還在吃，就像是有些三歲的小孩穿尿布，有些就不穿尿布了。」

3. 準備一些答案以備一些意外狀況出現時使用——像是如何回應那個對您的孩子提出負面批評的成人，以及如何在孩子受批評之後安撫孩子。例如，「有時候吃奶嘴讓大一點的孩子覺得很舒服」，如此的說法可能可以幫助您面對在超市被陌生人講您的孩子這麼大還在吃奶嘴的情況。

4. 針對問題以及其他人的反應，而不是針對孩子的行為做回應。比較容易的做法是以平常心來敘述孩子的行為以及另一位成人的反應，例如，「她不喜歡你的動作，所以她告訴你她的

（下頁續）

（承上頁）

想法。」這個策略可以不帶評判的眼光來幫助雙方都了解當時的情況。

5. 事後，提供機會與孩子一起討論一下所發生的事件。認知以及處理所有涉及人員的感受：您孩子的、您的，以及另一位成人的感受。

6. 在孩子不在場時，您可能覺得需要和另一位成人針對問題進行討論。在進行討論時，保持冷靜，試著了解對方的觀點，並且陳述您的觀點。將重點放在互相衝突的期望對孩子可能造成的影響：「我知道你覺得她大到不需要吃奶嘴了，但是在面對新情況時，奶嘴對她有安撫的作用。接收到如此不同的訊息，她會覺得很困惑。」

7. 有的時候，對方的理念與您的實在是差別過大時，您可能需要限制您的孩子與對方接觸。

理想的教學點子 IV

如何決定何時介入，以及要說些什麼？

閱讀下列的狀況，與您的組員討論一下，在每一個狀況裡需不需要站出來為您的孩子說說話，以及您該如何做。寫下您可能用來支持孩子所用的言語。

狀況一

您讓女兒在當地圖書館的電梯裡玩著按鈕上上下下乘坐，女兒對於按到哪個號碼就會在第幾樓停下來覺得非常的神奇。當電梯門打開，一位年紀較大的女士走進來，當她用她的拐杖要按按鈕時，三歲的女兒大叫：「等一下，我要按！」那位女士轉身對女兒說：「沒禮貌的小鬼，我以前當過學校老師，妳真是個沒禮貌的孩子。」女兒移到您身邊，抱住您的大腿，所有在電梯裡的人都不敢出聲，一片死寂。

❦ 支持性的言語：

狀況二

您提早到學校接四歲的兒子，當時正是午睡時間，而兒子

（下頁續）

（承上頁）

卻雙手壓在屁股下面地坐在椅子上。他一看到您就開始哭，並且告訴您他的老師說他要一直這樣坐，直到他的手變冷會痛為止。您的孩子在睡前會吸大姆指，您猜想也許他是因為這個原因而受到處罰。

❦ **支持性的言語：**

狀況三

您在您母親的家中與一些親友一起用餐，您五歲大的女兒只吃了一小部分碗裡的食物。等吃點心時，您的母親對您女兒說：「妳要等吃完碗裡的東西才能吃蛋糕。」十分鐘過後，女兒仍未多吃一口她碗中的食物。

❦ **支持性的言語：**

▶▶ 家長工作坊的精要資源：理想的教學點子 IV. Copyright © 2000 High/Scope® Educational Research Foundation. 本出版社保留所有權益。本出版社允許本書的擁有者在舉行家長工作坊時影印此頁。「High/Scope」的名字以及商標都屬於高瞻出版社所有。

 參考資料

High/Scope Press (producer). 1998. *Supporting Children in Resolving Conflicts* [錄影帶]. (請洽 High/Scope Press, 600 N. River, Ypsilanti, MI 48198. www. highscope.org)

Hohmann, Mary, and David P. Weikart. 1995. *Educating Young Children：Active Learning Practices for Preschool and Child Care Programs.* Ypsilanti, MI: High/Scope Press.

Quick, Thomas. 1992. *Successful Team Building.* New York: AMACOM.

Scannell, Edward E., and John W. Newstrom. 1994. *Still More Games Trainers Play：Experiential Learning Exercises.* New York：McGraw-Hill, Inc.

Terdan, Susan M. 1996. "Celebrating With Preschoolers." In *Supporting Young Learners 2：Ideas for Child Care Providers and Teachers*, Nancy A. Brickman, ed., (pp. 247-254). Ypsilanti, MI: High/Scope Press.

❄索　引

十劃

十一劃

國家圖書館出版品預行編目資料

理想的教學點子 IV：家長工作坊的精要資源／Michelle Graves
　　著；楊世華譯.--初版.--臺北市：心理, 2003（民 92）
　　面；　　公分.--（High/Scope 高瞻課程系列；6）
　　譯自：The teacher's idea book. 4, The essential parent workshop
　　resource
　　ISBN 957-702-575-7（平裝）

　　1.學前教育—教學法

523.23　　　　　　　　　　　　　　　　　　　　92002780

High/Scope 高瞻課程 6

理想的教學點子 IV：家長工作坊的精要資源

原 作 者：Michelle Graves

校閱主編：楊淑朱

譯　　者：楊世華

執行編輯：陳文玲

總 編 輯：林敬堯

發 行 人：邱維城

出 版 者：心理出版社股份有限公司

社　　址：台北市和平東路一段 180 號 7 樓

總　　機：(02) 23671490　傳　　真：(02) 23671457

郵　　撥：19293172　心理出版社股份有限公司

電子信箱：psychoco@ms15.hinet.net

網　　址：www.psy.com.tw

駐美代表：Lisa Wu　　tel: 973 546-5845　　fax: 973 546-7651

登 記 證：局版北市業字第 1372 號

印 刷 者：玖進印刷有限公司

初版一刷：2003 年 2 月

初版二刷：2004 年 8 月

讀者意見回函卡

No._____　　　　　　　　　　　填寫日期：　年　月　日

感謝您購買本公司出版品。為提升我們的服務品質，請惠填以下資料寄回本社【或傳真(02)2367-1457】提供我們出書、修訂及辦活動之參考。您將不定期收到本公司最新出版及活動訊息。謝謝您！

姓名：_____　性別：1□男　2□女

職業：1□教師 2□學生 3□上班族 4□家庭主婦 5□自由業 6□其他____

學歷：1□博士 2□碩士 3□大學 4□專科 5□高中 6□國中 7□國中以下

服務單位：_____　部門：_____　職稱：_____

服務地址：_____　電話：_____　傳真：_____

住家地址：_____　電話：_____　傳真：_____

電子郵件地址：_____

書名：_____

一、您認為本書的優點：（可複選）

　❶□內容　❷□文筆　❸□校對　❹□編排　❺□封面　❻□其他____

二、您認為本書需再加強的地方：（可複選）

　❶□內容　❷□文筆　❸□校對　❹□編排　❺□封面　❻□其他____

三、您購買本書的消息來源：（請單選）

　❶□本公司　❷□逛書局⇨_____書局　❸□老師或親友介紹

　❹□書展⇨____書展　❺□心理心雜誌　❻□書評　❼□其他_____

四、您希望我們舉辦何種活動：（可複選）

　❶□作者演講　❷□研習會　❸□研討會　❹□書展　❺□其他____

五、您購買本書的原因：（可複選）

　❶□對主題感興趣　❷□上課教材⇨課程名稱_____

　❸□舉辦活動　❹□其他_____　（請翻頁繼續）

```
┌─────────────────────┐
│ 廣  告  回  信 │
├─────────────────────┤
│ 台 北 郵 局 登 記 證 │
├─────────────────────┤
│ 台北廣字第 940 號 │
└─────────────────────┘
```
（免貼郵票）

 心理出版社 股份有限公司

台北市 106 和平東路一段 180 號 7 樓

TEL: (02) 2367-1490

FAX: (02) 2367-1457

EMAIL:psychoco@ms15.hinet.net

沿線對折訂好後寄回

六、您希望我們多出版何種類型的書籍

　❶□心理　❷□輔導　❸□教育　❹□社工　❺□測驗　❻□其他

七、如果您是老師，是否有撰寫教科書的計劃：□有□無

　　書名／課程：＿＿＿＿＿＿＿＿＿＿＿＿＿＿＿＿＿＿＿＿

八、您教授／修習的課程：

上學期：＿＿＿＿＿＿＿＿＿＿＿＿＿＿＿＿＿＿＿＿＿

下學期：＿＿＿＿＿＿＿＿＿＿＿＿＿＿＿＿＿＿＿＿＿

進修班：＿＿＿＿＿＿＿＿＿＿＿＿＿＿＿＿＿＿＿＿＿

暑　假：＿＿＿＿＿＿＿＿＿＿＿＿＿＿＿＿＿＿＿＿＿

寒　假：＿＿＿＿＿＿＿＿＿＿＿＿＿＿＿＿＿＿＿＿＿

學分班：＿＿＿＿＿＿＿＿＿＿＿＿＿＿＿＿＿＿＿＿＿

九、您的其他意見

謝謝您的指教！　　　　　　　　　　　　　　　53006